进阶式对外汉语系列教材

A SERIES OF PROGRESSIVE CHINESE TEXTBOOKS FOR FOREIGNERS

成功之路
ROAD TO SUCCESS

进步篇·读和写

UPPER ELEMENTARY
Reading and Writing

主　　编　邱　军

副 主 编　彭志平

执行主编　张　辉

编　　著　王瑞烽

ROAD TO SUCCESS

A SERIES OF PROGRESSIVE CHINESE TEXTBOOKS FOR FOREIGNERS

北京语言大学出版社

BEIJING LANGUAGE AND CULTURE UNIVERSITY PRESS

图书在版编目（CIP）数据

成功之路. 进步篇 · 读和写. 第1册/王瑞烽编著.
北京：北京语言大学出版社，2008.8（2023.3重印）
ISBN 978-7-5619-2172-2

Ⅰ. 成… Ⅱ. 王… Ⅲ. ①汉语－阅读教学－对外汉语教学－教材
②汉语－写作－对外汉语教学－教材 Ⅳ. H195.4

中国版本图书馆CIP数据核字（2008）第127617号

书　　名：成功之路 · 进步篇 读和写（第一册）
版式设计：苏芳蕾
责任印制：周　燚

出版发行：北京语言大学出版社
社　　址：北京市海淀区学院路15号　邮政编码：100083
网　　址：www.blcup.com
电　　话：发行部 010－82303650/3591/3651
编辑部 010－82303647/3592
读者服务部 010－82303653
网上订购电话 010－82303908
客户服务信箱 service@blcup.com
印　　刷：北京市金木堂数码科技有限公司
经　　销：全国新华书店

版　　次：2008年8月第1版　2023年3月第13次印刷
开　　本：889毫米×1194毫米　1/16
印　　张：课本14 / 练习答案2
字　　数：284千字
书　　号：ISBN 978-7-5619-2172-2/H.08161
定　　价：62.00元

前言

《成功之路》是一套为母语非汉语的学习者编写的对外汉语教材。这套教材既适用于正规汉语教学机构的课堂教学，也可以满足各类教学形式和自学者的需求。

《成功之路》为教学提供全面丰富的教学内容，搭建严谨规范的教学平台。学习者可获得系统的汉语言知识、技能、文化的学习和训练。同时，《成功之路》的组合式设计，也为各类教学机构和自学者提供充分的选择空间，最大程度地满足教学与学习的多样化需求。

◆ 架构

《成功之路》全套22册。按进阶式水平序列分别设计为《入门篇》、《起步篇》、《顺利篇》、《进步篇》、《提高篇》、《跨越篇》、《冲刺篇》、《成功篇》。其中《入门篇》为1册；《进步篇》综合课本为3册，《进步篇·听和说》、《进步篇·读和写》各2册；《提高篇》、《跨越篇》综合课本各2册，《提高篇·听和说》、《跨越篇·听和说》各1册；其余各篇均为2册。篇名不但是教学层级的标志，而且蕴涵着目标与期望。各篇设计有对应层级和对应水平（已学习词汇量），方便学习者选择适合自己的台阶起步。

进阶式对外汉语系列教材《成功之路》阶式图

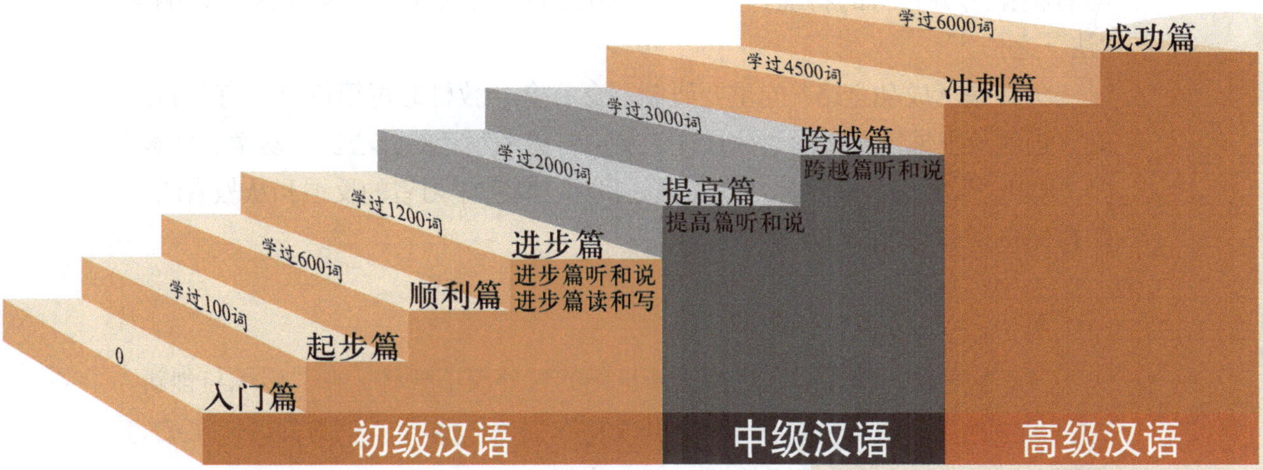

学习者选择教材参照表：

学习起点参照等级			适用教材
已学习词汇量	新汉语水平考试等级（新 HSK）	新欧盟语言框架等级（CEF）	
0			《入门篇》
100 词左右	新 HSK 一级		《起步篇》
600 词左右	新 HSK 二级、三级		《顺利篇》
1200 词左右	新 HSK 四级	A1	《进步篇》
2000 词左右	新 HSK 四级、五级	A2	《提高篇》
3000 词左右	新 HSK 五级、六级	B1	《跨越篇》
4500 词左右	新 HSK 六级	B2	《冲刺篇》
6000 词左右		C1	《成功篇》

◆ 依据

《成功之路》以“国家汉办”的《高等学校外国留学生汉语教学大纲（长期进修）》（简称《大纲》）为基本研制依据，采用自行研制的编教软件，对《大纲》的语言点（项）、词汇、汉字等指标进行穷尽式覆盖，以保证教材的科学性、系统性、严谨性。编写者还根据各层级学习和教学的需求，对《大纲》的部分指标进行必要的调整，其中高级汉语部分增删幅度较大。另外，对各类汉语学习者随机调研的结果以及相关精品教材的研究成果也是《成功之路》的重要研制依据。

◆ 理念

《成功之路》以“融合、集成、创新”为基本研制理念。作为一套综合性教材，其内涵的多样性决定理念的集成性，不囿于某一种教学法。因此，编写者根据所编教材的特性，分析融合相关的研究成果，集多家之成，纳各“法”之长。

创新是《成功之路》的重要研制理念，全套教材的每篇每册都有创新之处。创新点根据需要或隐含或显现，从中可见编写者的匠心。“易学、好教”是《成功之路》的研制目标，为实现此目标，尊重学习者的反馈和从教者的经验自然也是编写者的重要研制理念。

◆ 特点

《成功之路》作为一套诞生于新世纪的对外汉语教材，在“传承与创新”“关联与独立”“知识与技能”“语言与文化”“二维与多维”诸方面融入了编写者更多的思考和实践。限于篇幅，略加说明。

1. 传承与创新

《成功之路》从对外汉语教学的沃土中汲取丰富的营养，植根于它的发展，受益于它的进步。编写者将成功的教学经验、教学模式和研究成果带入教材，使《成功之路》更符合学习者的语言认知规律，更有助于学习者掌握和应用。如：《入门篇》、《起步篇》、《顺利篇》都以“讲练”的形式呈现，便是采纳对外汉语教学早期的“讲练模式”。这种更适宜初学者的编写设计，已经为多年的教学成效所证明。

《成功之路》在传承的基础上力求创新，篇篇都有创新点。如：《起步篇》和《顺利篇》改变以往语言点的描述角度，变立足于教师的规则性语言为面向学习者的使用性语言，便于学习者理解和运用。《提高篇》和《跨越篇》设计了语素练习项目，强化语素的辐射生成作用，增强学习者的词汇联想能力，减少记忆负担，提高学习效率；还在多项练习中设置语境，为学习者提供丰富的语用场，提高其准确地遣词用句的能力，为日后学以致用增加助力。《冲刺篇》和《成功篇》针对高级阶段词语辨析的难点，设置“异同归纳”的板块，将规则说明和练习紧密结合，实现从理解到使用的有效过渡。

另外，《入门篇》的总分式语音训练，《进步篇·听和说》、《进步篇·读和写》的融合性技能训练，《提高篇》、《跨越篇》的听说式“课文导入”，《冲刺篇》、《成功篇》的分合式“背景阅读”等等，都彰显着编写者的创新性理念和实践性思维。

2. 关联与独立

《成功之路》进阶式系列教材，全套共分 8 篇，涵盖初级汉语、中级汉语和高级汉语。各篇之间的关系如同阶梯，具有依存性和关联性，便于配套使用。如：设计者将“语词→语句→语段→语篇”的教学任务，明确分布于不同层级，强调各自的练习方式，为学习者提供一个循序且完整的训练过程。

同时，《成功之路》各篇也相对独立，可以单独使用。如：《进步篇·听和说》、《进步篇·读和写》从内容到形式，都适合做专项技能训练的独立教材。这种关联与独立相结合的设计，使《成功之路》既能保持配套教材的系统性，又有独立教材的灵活性，免除捆绑式教材的羁绊，为学习者提供更多的选择。

3. 知识与技能

《成功之路》定位于综合性语言技能训练教材。全套教材以训练语言能力为显性设计，以传授语言知识为隐性设计。编写者将语言知识的学习隐含于语言技能训练的全过程。如：《起步篇》、《顺利篇》、《进步篇》尽量淡化语言点的知识性描述，代之以直观的插图、表格、练习等，以此引导教师最大限度地避免单纯的知识讲授。上述“三篇”在设计中兼顾话题单元和语言点顺序，巧妙地处理话题与语言点交集的难题，较好地解决了长期困扰初级教材编写的“带着镣铐跳舞”的问题。《提高篇》和《跨越篇》将语言知识蕴涵在课文和练习中，使学习者能通过有计划的练习和活动实现对知识的理解和运用。

《成功之路》遵循并实践第二语言教学的基本原理，精心设计并处理语言知识和语言技能的关系，帮助学习者在技能训练中学习知识，进而以知识学习提高技能水平，最终达到全面提高汉语交际能力的目的。

4. 语言与文化

《成功之路》既是语言资源，又是文化媒介。在选文和编写过程中，编写者追求文化含量的最大化。全套教材自始至终贯穿一条“文化现象→文化内涵→文化理解”的完整“文化链”。如：《入门篇》、《起步篇》、《顺利篇》、《进步篇》使用初级汉语有限的语言材料，尽可能多地展现文化点，使学习者在学习语言的同时，自然地感受和了解中国文化。《提高篇》和《跨越篇》在对课文材料选取和删改时，特别注意其中的文化含量，为学习者提供丰富多彩的文化内容。《冲刺篇》和《成功篇》选文讲究，力求文质兼美、具有典范性。其中文化理解的可挖掘性为高端学习者构建了探究中国文化深层内涵的平台。

与单纯讲授文化的教材不同，《成功之路》将文化内容寓于语言学习之中。语言提升与文化理解，二者相得益彰。

5. 二维与多维

《成功之路》利用现代科技手段，建造二维平面与多维立体相契合的“教学场”。多媒体课件的研制和使用，弥补了传统平面教材的局限。除了直观、形象、生动的特点外，还可以增强教师对教材的调整和控制能力。如：生词的闪现、语句的重构、背景的再现等，使讲授过程更加得心应手。《成功之路》的多媒体课件可以让教材内容延伸至课堂外，扩大教学空间，形成教师得以充分施展的广阔的“教学场”。

同时，《成功之路》多媒体课件中完整的教学设计和教学思路也是可资借鉴的教案。

◆ 结语

语言教学，可以枯燥得令人生厌，也可以精彩得引人入胜。究其缘由，教师和教材是主因。

期望《成功之路》能为学习者带来一份精彩。

主编：邱军

2008 年 6 月

Preface

Road to Success is a series of foreign language teaching materials for non-native learners of Chinese. It not only can be applied to classroom teaching of formal Chinese teaching institutions, but also can meet the demands of various forms of teaching and self-taught learners.

Road to Success provides a comprehensive and rich teaching content and builds a scrupulous and standard teaching platform. Learners can get systematic learning and training of Chinese language knowledge, skills and culture. Moreover, the combinatorial design of *Road to Success* meets to the greatest extent diversified needs of teaching and learning by providing a wide choice for all types of teaching institutions and self-taught learners.

◆ Framework

Road to Success consists of 22 volumes, designed as a progressively-graded series including *Threshold*, *Lower Elementary*, *Elementary*, *Upper Elementary*, *Lower Intermediate*, *Intermediate*, *Lower Advanced* and *Advanced*. *Threshold* has 1 volume, *Upper Elementary* has 3 volumes of integrated textbooks, 2 volumes of *Listening and Speaking*, and 2 volumes of *Reading and Writing* respectively. *Lower Intermediate* and *Intermediate* each have 2 volumes of integrated textbooks and 1 volume of *Listening and Speaking*. The other sub-series each has 2 volumes. The title of each series indicates the teaching level. Each series is designed with corresponding level and vocabulary so that learners can choose the right series that suits them.

Ladder Chart of *Road to Success*

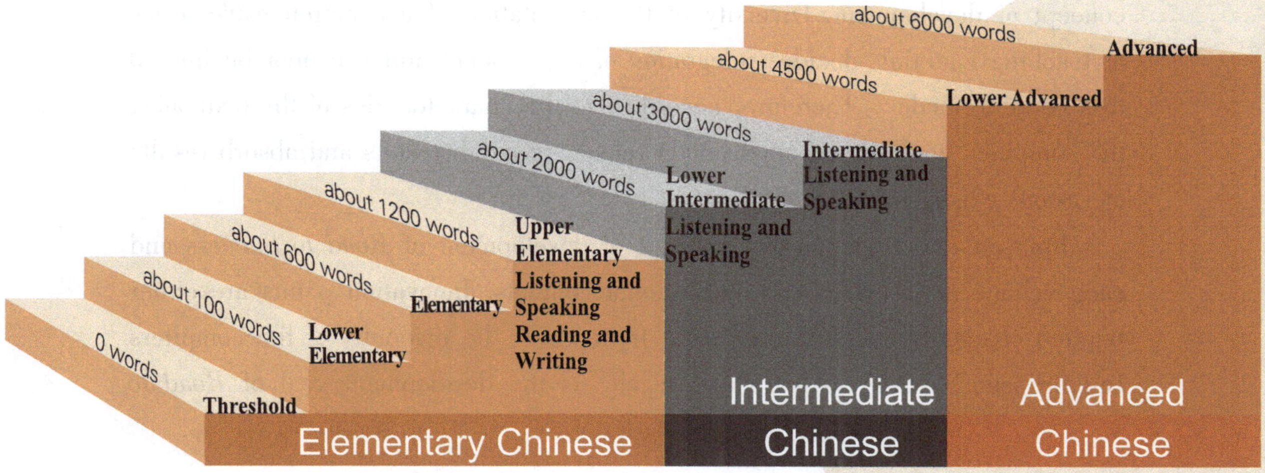

Reference Table for Learners to Choose Textbooks:

Reference Level for Learners			Textbooks
Vocabulary	Corresponding Level of New HSK	Corresponding Level of CEF	
0			*Threshold*
Around 100	Level 1		*Lower Elementary*
Around 600	Level 2–3		*Elementary*
Around 1200	Level 4	A1	*Upper Elementary*
Around 2000	Level 4–5	A2	*Lower Intermediate*
Around 3000	Level 5–6	B1	*Intermediate*
Around 4500	Level 6	B2	*Lower Advanced*
Around 6000		C1	*Advanced*

◆ Basis

Road to Success takes the"Chinese-Teaching Syllabus for Foreign Students of Higher Educational Institutions(Long-Term Study)" ("Syllabus" in short) by the NOCFL as the basis for the development and covers exhaustively items such as the language points, vocabulary, Chinese characters and others in the Syllabus by applying the self-developed compiling and teaching software to ensure the scientificness, systematicness and preciseness of textbooks. The compilers make necessary adjustment to some requirements in the Syllabus, especially those of the advanced Chinese in accordance with the needs of learning and teaching of each level. In addition, the compilation bases on the result of random survey of various types of Chinese learners and research results of the related choice textbooks.

◆ Concept

Road to Success takes amalgamation, integration and innovation as the basic concept of development. Diversity of the connotation of a comprehensive series of teaching materials decides integration of the concept and it cannot be limited to a certain "mode". Therefore, according to the characteristics of the textbooks, the compilers analyse and amalgamate related research results and absorb results of various experts and strong points of each "mode".

Innovation is an important concept of development of *Road to Success* and each volume and section has innovational contents. Innovation points are either implied or clearly stated if necessary, from which the ingenuity of the compilers can be seen. "Easy to learn and teach" is the development goal of *Road to*

Success. For this reason, it is also an important development concept of the compilers to respect feedback of learners and experience of teachers.

◆ Features

As a series of textbooks of teaching Chinese as a foreign language compiled in the new century, *Road to Success* includes some thinking and practices of the compilers in "Tradition and Innovation", "Association and Independence", "Knowledge and Skills", "Language and Culture", "Two-Dimension and Multi-Dimension". As space is limited, these aspects are explained briefly as follows:

1. Tradition and Innovation

Rooted in the development of teaching Chinese as a foreign language, benefiting from its progress, *Road to Success* absorbs abundant nutrition from the fertile soil of teaching Chinese as a foreign language. Successful teaching experience, teaching mode and research results have enriched the content of textbooks. *Road to Success* accords better with the language cognitive rules of learners and is easier for learners to master and apply. For example, *Threshold*, *Lower Elementary* and *Elementary* all take the form of "teaching plus practice", adopting the "mode of teaching plus practice" in the initial stage of teaching Chinese as a foreign language. The design of compiling more suitable forms for beginners has been proved effective through many years of teaching.

Road to Success exerts itself to make innovation on the basis of imparting and inheriting, and each series has its innovation point. For example, *Lower Elementary* and *Elementary*, different from former description angle of language points, change formulaic language established for teachers into practical language geared to the needs of learners to facilitate students' understanding and application. The morpheme exercises of *Lower Intermediate* and *Intermediate* strengthen the role of multiplication, enhance learners' ability of vocabulary association, reduce burden of memory and improve efficiency of study. In addition, the two series offer context in some exercises to improve learners' ability of wording and phrasing and help them study for the sake of application in the future. In view of difficulty in words and expressions in the advanced stage, *Lower Advanced* and *Advanced* establish the "Sum-Up of Similarities and Differences" and integrate closely the rule explanation with exercises to realize an effective transition from understanding to application.

In addition, the innovative ideas and practical thinking are embodied in the general-individual mode of phonetic training in *Threshold*, the syncretic skill training in *Listening and Speaking* and *Reading and Writing* of *the Upper Elementary sub-series*, the listening-speaking mode of "Introduction to the Text" in *Lower Intermediate* and *Intermediate*, the separating-assembling mode of "Background Reading" in *Lower Advanced* and *Advanced*, etc.

2. Association and Independence

Road to Success consists of eight series, covering elementary Chinese, intermediate Chinese and advanced Chinese. The eight series are interdependent like a ladder, associating with each other and can be used as a complete set. For example, the designer clearly distributes the teaching tasks of words and phrases, sentences, paragraphs and passages in different levels, stressing their respective ways of practice and providing learners a step-by-step and complete training process.

Moreover, each series of *Road to Success* is relatively independent and can be used alone. For example, both content and forms of *Listening and Speaking* and *Reading and Writing* of *the Upper Elementary sub-series* can be used as an independent textbook of special skill training. The design of combining association with independence ensures that *Road to Success* has both the systematic nature of a complete set of teaching materials and the flexibility of the independent teaching materials, releasing itself from the fettering of binding materials and providing learners more choices.

3. Knowledge and Skills

Road to Success is oriented towards comprehensive training of language skills. The complete set of teaching materials takes language skill training as the explicit design and language knowledge teaching as the implicit design. The compilers embed the study of language knowledge in the whole process of language skills training. For example, *Lower Elementary*, *Elementary* and *Upper Elementary* weaken knowledge description of language points as much as possible and strengthen visual illustrations, tables, exercises, etc. to guide teachers to avoid simplex knowledge teaching. The design of those three series gives consideration to both the topic unit and the order of language points, skillfully deals with the difficult problem between topics and language points and the problem of "dancing with fetters", which has been restricting the elementary teaching materials for a long time. *Lower Intermediate* and *Intermediate* contain language knowledge in texts and exercises to ensure that learners can understand and apply the knowledge through planned practice and activity.

Road to Success follows and practises the basic principles of second language teaching, carefully designs and deals with the relationship between language knowledge and language skills, helping learners master knowledge through skill training, improving the skill level by learning knowledge and language skills and in the end achieve the goal of comprehensively improving the communicative competence in Chinese.

4. **Language and Culture**

Road to Success is not only language resources but also a cultural medium. The compilers pursue the maximization of cultural content in selecting texts and compiling the teaching materials. Throughout the whole set of teaching materials, there exists a complete cultural chain — "phenomenon of culture → connotation of culture → understanding of culture". For example, with limited language materials of elementary Chinese, *Threshold*, *Lower Elementary*, *Elementary* and *Upper Elementary* exhibit as many language points as possible to help learners naturally experience and comprehend the phenomenon of Chinese culture while learning the language. When selecting and modifying the texts of *Lower Intermediate* and *Intermediate*, the compilers give special attention to providing learners with rich and colorful cultural contents. *Lower Advanced* and *Advanced* are particular about selecting texts and ensure that the passages are both superior in content and paragons of a kind. The exploitation of understanding of culture can help advanced learners build a platform to explore the deep connotation of Chinese culture.

Different from the textbooks simply teaching culture, *Road to Success* contains cultural contents in language learning. Language learning and understanding of culture bring out the best in each other.

5. **Two-Dimension and Multi-Dimension**

Road to Success constructs a "teaching field" by means of modern science and technology, where the two-dimensional plane agrees with the multi-dimensional solidly. The development and use of the multimedia courseware make up for the limitations of traditional paper teaching materials. It is visual and vivid and can enhance teachers' ability to adjust and control the teaching materials as well. For example, the flashing of new words, reconstruction of sentences and recurrence of backgrounds make the teaching process more effective. The multimedia courseware of *Road to Success* extends the contents of the teaching materials as far as after-class, expanding teaching space and forming a broad "teaching field", where teachers can fully display their talents.

In addition, the integrated teaching design and teaching ideas in the multimedia courseware of *Road to Success* are also teaching plans that are worth referring to.

◆ Conclusion

On the one hand language teaching can be boring and on the other it also can be fascinating. For those two results, teachers and teaching materials are the main reasons.

I hope that *Road to Success* can bring brilliance to learners.

Chief Editor: Qiu Jun
June, 2008

目录
CONTENTS

致学习者

亲爱的学习者，你好！

欢迎你使用这本读写教材。本书的主要目的是帮助你扩大词汇量，提高汉语阅读水平，同时，通过结合阅读内容的写作训练，提高你们的汉语写作水平。我相信，在学会了大量实用的词汇，而且更深入地了解了中国的各种文化背景后，你的汉语阅读水平会获得很大的提高。相信那时，你再看中文的材料就不会觉得那样费劲了。因为你会发现，其中的很多词语都已经在本教材中学过，而且了解中国的各种文化背景之后，很多阅读内容就很容易理解了。另外，通过本教材的相关写作训练，你会发现自己的写作能力也提高了很多，更能自由地表达想要表达的意思，而且写出来的文章不再像原来那样口语化，而是使用更丰富、更地道的书面语表达方式写出具有一定文采的文章。

这本教材里的文章，有的反映了当代中国各方面的情况，如教育、工作、婚姻、家庭、休闲、网络等；有的反映了中国的特色，如中国的节日、饮食、历史、传说、汉语、中国人的性格特点、中国人的情感等。希望这些内容正是你感兴趣的方面，相信通过阅读这两方面的内容，你一定能更深入地了解中国。

开始使用这本教材时，你可能需要在老师的帮助下才能读懂这些文章，不过不用担心，随着大家汉语水平的提高、正确阅读习惯的养成，相信过不了多久你就可以自己看懂课文了，阅读速度也会比现在快得多。如果你的阅读速度与别的同学相比快一些，总能在老师规定的时间里阅读完，并做完练习，我们建议你：做完练习后，不要着急去读下一篇文章，而应该多读几遍刚才的课文，努力记住里面实用的生词，学习课文中表达地道的句型，并模仿它们写出自己的句子。我相信，这会对你的阅读和写作能力的提高很有帮助。每一课的后面都附加了两篇补充阅读，这些补充阅读的内容和前面的课文内容相关，你可以在课上老师限定的时间内提前阅读完相关课文后，或者在课后的空闲时间，看看这些补充阅读，你会了解更多、更深入的内容。

衷心地希望你能喜欢这本教材，并通过它提高自己的阅读能力和写作能力。

编者：王瑞烽

2008 年 8 月

To Students

Dear Students,

Thank you for using this textbook which focuses on Chinese reading and writing. The main purpose of this book is to help you enlarge your vocabulary and improve your Chinese reading skills. Meanwhile, the writing practice provided in combination with the reading materials will develop your Chinese writing skills. It is believed that after learning a large number of most commonly used words and gaining a deep understanding of China, you will gain a great improvement in your Chinese reading skills. Then you will find it less difficult than before to read the Chinese-written materials because many words have already been learned in this textbook. And, after learning the background information of China, many reading materials will become very easy to understand. Furthermore, through the relevant writing practice in this textbook, you will also see an improvement in your writing ability. No longer using the colloquial expressions like before, you can express your ideas more freely with richer and more authentic written Chinese in your writing.

Some articles in this textbook reflect various aspects of contemporary China, for instance, education, work, marriage, family, entertainment, network, the young and the old etc. Others reflect the unique characteristics of China, for instance, Chinese festivals, food and drink, history, legends, Mandarin Chinese, the characters and emotions of Chinese people etc. It is hoped that these are just what you are interested in and you will have a deeper understanding of China after finishing these readings.

You might need the help of your teacher to understand the articles when you use this textbook at the beginning. But don't worry. With the development of your Chinese skills and the formation of good reading habits, it is certain that you will be able to understand the meanings of the texts by yourself soon and to have a much faster reading speed. If you can always finish your reading tasks and exercises within the time limits that your teacher sets, please do not hastily go to the next article. Instead, you are suggested to re-read the text you just finished several times and learn by heart the commonly used new words in the text. You are also suggested to learn the real-life sentence patterns in the text and make sentences by imitation. In this way, your reading and writing abilities will be immensely improved. Two relevant reading materials are provided to supplement the text in each lesson. They can be read either in class when you have finished the reading task assigned by your teacher or after class to gain a deeper understanding of the text and enrich your knowledge about China.

We do hope you will enjoy reading the materials in this textbook and enhance your reading and writing skills after learning it.

Compiler: Wang Ruifeng

August, 2008

1 爱上汉语

课文

课前思考：你为什么要学习汉语？来中国以前，你是怎么了解中国的？

课文一　我想去北京

我是在1997年喜欢上汉语、开始学习汉语的。那年，我刚考上大学，学校里新开了中文系，每个学生都可以学习汉语。虽然我知道汉字对我们外国人来说很难，而且写汉字就像画画儿一样，但我觉得非常有意思，决定先学几个月试一试。

中文系有从中国来的老师，也有我们巴基斯坦的老师，中国老师大多来自北京，而我们国家的老师呢，也都是从北京的大学毕业的。不管是在课上，还是课下，他们经常谈到北京。从他们的谈话中，我渐渐了解了北京，知道北京很漂亮，文化很丰富，有很多名胜古迹，等等。我们的课本上也有一些

巴基斯坦　Bājīsītǎn　Pakistan

谈　tán　talk

渐渐　jiànjiàn　little by little

了解　liǎojiě　understand

谈到北京的课文，我对那些名胜古迹的照片特别感兴趣。就这样，我喜欢上了北京，爱上了北京。我很希望能到北京去，去看看故宫、长城、颐和园。

丰富 fēngfù abundant, rich
名胜古迹 míngshèng gǔjì scenic spots and historical sites
等等 děngděng and so on, etc.

1 根据课文内容判断对错（对的画“√”，错的画“×”）

(   ) 1. “我”想学习中国画，所以开始学习汉语。
(   ) 2. “我”来北京以前就开始学习汉语了。
(   ) 3. “我们”学校的中国老师都是从北京来的。
(   ) 4. “我”的老师常常谈起中国的情况。
(   ) 5. “我们”学校巴基斯坦的老师都是从北京大学毕业的。

2 根据课文内容填空

1. 来中国以前，“我”是怎样了解北京的？
   (1) ______________________________
   (2) ______________________________
2. “我”觉得北京是一个什么样的地方？
   (1) ______________________________
   (2) ______________________________
   (3) ______________________________

3 根据课文内容，为左边的词语找到合适的解释（在词语前填上序号）

	A. 想
□ 来自（第8行）	B. 种类多，数量大
□ 谈（第11行）	C. 非常有意思
□ 渐渐（第11行）	D. 说
□ 了解（第11行）	E. 喜欢
□ 丰富（第12行）	F. 自己
□ 名胜古迹（第13行）	G. 从……来
□ 感兴趣（第15行）	H. 有名的、古老的地方，比如长城、故宫
□ 希望（第16行）	I. 知道得多
	J. 慢慢地，一点儿一点儿地

4 根据例句，用指定的词语或句式改写句子

例：虽然……但……

虽然我是学中文的，但我从来没去过中国。

我没去过北京。从老师们的谈话中，我渐渐了解了北京。→

虽然我没去过北京，但从老师们的谈话中，我渐渐了解了北京。

1. 是 + 时间词 + V + 的

我是从 1997 年开始学习汉语的。

我们的老师是去年大学毕业的。

去年九月，我来到了中国。→

____

2. 到 + 地方 + 去 + V

七月底，我拿到了奖学金，可以到北京去学习四年的汉语。

我希望能有机会到巴基斯坦去旅游。

我一直很希望能去北京，我想看看故宫、长城、颐和园。→

____

3. 喜欢上……

我是在 1997 年喜欢上汉语、开始学习汉语的。

就这样，我喜欢上了北京，爱上了北京。

我第一次见到她就很喜欢她。→

____

5 用下列词语造句

例：决定：听说那个饭店的菜非常好吃，我们决定一起去尝尝。

渐渐：______________________________

丰富：______________________________

感兴趣：______________________________

课前思考：你是奖学金学生还是自费生？在你们国家怎么才能得到奖学金？

课文二 我得到了奖学金

有一天，我从老师那儿知道，我们学中文的学生每年都有得到奖学金的机会，拿到奖学金以后就可以到北京去学习了。我高兴极了，因为我的汉语成绩一直不错，拿奖学金应该没问题。7月底，我拿到了奖学金，可以到北京去学习四年的汉语了。

家人知道了这件事，又高兴又担心。虽然父母很想让我去，但他们又怕我一个人在北京生活太难。看着他们这么为难，我也不知道该怎么办了，开始犹豫起来。这时候，我的一个同学打来电话，说他也得到了去北京学习的奖学金，我们两个人一起去北京，可以互相帮助，也不会感到寂寞。这样，父母才放心了，同意我来北京学习了。9月初，我和同学坐上了飞往北京的飞机，那天，我特别兴奋，因为我的梦想终于成真了！

奖学金 jiǎngxuéjīn scholarship

底 dǐ end (of a year or month)

担心 dānxīn worry

犹豫 yóuyù hesitant

寂寞 jìmò lonely, lonesome

初 chū beginning of (a year or month)

梦想 mèngxiǎng dream

终于 zhōngyú finally

1 根据课文内容选词填空

担心 成绩 犹豫 奖学金 放心 寂寞 北京 难 梦想

1. 因为我的__________不错，所以，我得到了__________，这让我可以去__________学习汉语。
2. 父母____________我一个人在北京生活很____________，不想让我去，知道我的同学可以和我一起去北京，父母这才____________了。

2 根据课文内容填空

1. 父母知道"我"拿到奖学金后"又高兴又担心"，他们高兴的是____________________
__________，担心的是______________________________。
2. 第 16 行"我的梦想"是____。

3 根据课文内容，为左边的词语找到合适的解释（在词语前填上序号）

	A. 一个月的最后几天
□ 奖学金（第 2 行）	B. 一个月的开始几天
□ 成绩（第 4 行）	C. 工作、学习或者比赛的结果
□ 月底（第 5 行）	D. 可能
□ 怕（第 8 行）	E. 向
□ 寂寞（第 13 行）	F. 学校或国家给学习好的学生的钱
□ 月初（第 14 行）	G. 租房子的租金
□ 往（第 15 行）	H. 一个人的时候很容易有的感觉，想家、想朋友
	I. 担心

4 用下列词语造句

犹豫：____

寂寞：____

兴奋：____

5 改正下面短文中不对的地方，并把正确的句子写出来

我 1985 年出生了，今年 23 岁。我是今年二月刚刚来了中国。来中国以前，我在大学里学过汉语一年。最近我认识了一位中国朋友，我一见面就喜欢了他，我想这个周末跟他一起去到长城玩儿玩儿。

____

____

____

____

课前思考：你有什么好办法记住“哭”字和“笑”字？

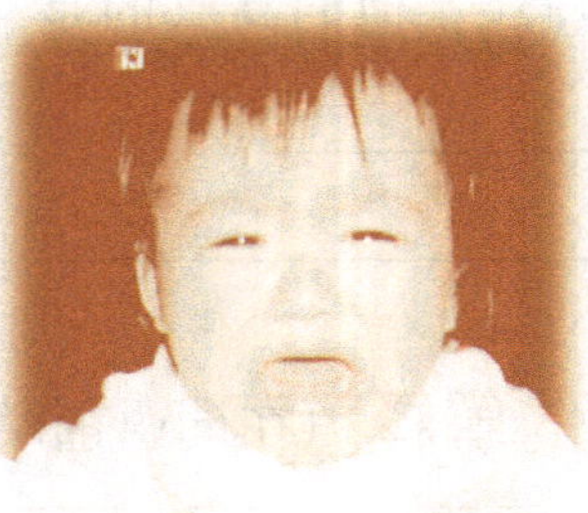

课文三 “哭”和“笑”两个字让我爱上了汉语

我10岁的时候，父亲对我说：“你已经会说西班牙语了，你的英语也还可以，你必须再学习一种语言。”朋友们都说：“学习法语或者德语吧。”可是我想，在我们国家会说德语和法语的人不少。我想学一种在世界上有很多人说，但大部分哥伦比亚人又不会说的语言。最后，我决定学习汉语。

但是那时，我对中国的历史、文化等等一无所知。我打开电脑，上了许多关于中国和汉语的网站，发了很多电子邮件，可是几天过去了，我一封回信也没有收到，这让我特别失望。一个星期过去了，我渐渐忘了学习汉语这件事。

一个月后，我收到了一封从中国寄来的信。我连忙打开，发现信是一个中国姑娘写的。她用英文写道：“你好！我和你还不认识，但我知道你打算学汉语，相信你会很努力地学习。在信的下面，你可以看到两个汉字（‘哭’字和‘笑’字），如果你能猜出哪

大部分 dà bùfen majority, most

网站 wǎngzhàn Web site

电子邮件 diànzǐ yóujiàn email

失望 shīwàng disappointed

连忙 liánmáng hurriedly

猜 cāi guess

个表示难过，哪个表示高兴，你就一定可以学好汉语。信的背面有这个问题的答案。”我猜了一下，觉得表示难过的字应该是“哭”，因为它有眼睛和泪水。翻到背面，哈！我猜对了。这件事让我爱上了汉语。

到现在，八年过去了。我希望，等我会说一口流利汉语的时候，能见到那位姑娘，并和她成为好朋友。我要告诉她：“谢谢，是你改变了我的生活。”

背面 bèimiàn back, reverse side

答案 dá'àn answer

泪水 lèishuǐ tear, tear-drops

1 根据课文内容判断对错（对的画“√”，错的画“×”）

(　　) 1. “我”10岁的时候，父亲让“我”一定要学汉语。

(　　) 2. “我”收到一个中国姑娘写来的电子邮件，然后就爱上了汉语。

(　　) 3. 现在“我”的汉语说得很流利。

(　　) 4. “我”和那位中国姑娘成了好朋友。

2 根据课文内容选词填空

猜　感兴趣　汉字　失望　回信　答案　网站

电子邮件　泪水　中国姑娘　历史文化　流利

为了了解中国的__________，我上了很多__________，发了很多__________，但一直没有收到__________。后来，我收到了一位__________写来的信，在信里，她写了两个__________，让我__________它们的意思，并在信的背面写了__________。最后，我猜对了，这让我对汉语更__________了。

3 根据课文内容，为左边的词语找到合适的解释（在词语前填上序号）

	A. 很快地
□ 大部分(第 6 行)	B. 知道很多
□ 历史(第 8 行)	C. (说得)很快，很好
□ 一无所知(第 9 行)	D. 感到没有希望，希望没有实现
□ 许多(第 9 行)	E. 过去的事
□ 网站(第 10 行)	F. 但是
□ 失望(第 12 行)	G. 超过一半
□ 连忙(第 15 行)	H. 很多
□ 流利(第 26 行)	I. 很忙，工作很多
□ 并(第 27 行)	J. 而且
	K. 比如 Yahoo、MSN、Google 等
	L. 一点儿也不知道

4 根据例句，用指定的词语或句式改写句子

1. 对……一无所知

   我对中国的历史、文化等一无所知。

   我一点儿也不了解这个人的情况。→

   ____

2. 一……也……

   我一封回信也没收到，这让我特别失望。

   在书店里，我没有找到关于中国历史、文化的书。→

   ____

5 用下列词语造句

许多：______________________________

大部分：______________________________

网站：______________________________

答案：______________________________

流利：______________________________

2 阅读训练（1）怎么读句子

很多学生在阅读一篇完全没有生词的短文时，速度也很慢。他们习惯用手或笔指着每个字，一个字一个字地来阅读。

比如：

对—外—国—人—来—说……

这样不仅很慢，也影响了对文章意思的理解。我们应该养成按词语进行阅读的习惯。但是和拼音文字不一样，汉语的词和词之间没有空格，人们要根据上下文的意思自己来决定哪几个字连在一起读。

比如：

对/我们/外国人/来说，汉语/是/一种/很/难学/的/语言。

其实，我们不需要把每个词都分开，只要找到句子的大概结构就可以了。

比如：

我/对那些名胜古迹的照片/特别感兴趣。

那个时候/我刚学汉语，声调不准，售货员/怎么也听不懂/我想买什么。

我们需要找到的是“谁、做什么、怎么做、时间、地点”等这些成分。

比如：

一个星期过去了，我/渐渐/忘了学习汉语的事。

时间　谁　怎么做　做什么

常常做这样的练习可以帮助我们又快又好地理解汉语。如果常常这样做，阅读速度一定会比现在快得多。请你完成下面的练习：

找出下列句子中的“谁、做什么、怎么做、时间、地点”：

1. 我觉得这样的事情对我们留学生来说太难了。

2. 很多没来过中国的外国人不太了解中国现在的情况。

3 写作

回答下列问题（有的问题请用上括号内的词语），然后把答案写下来

1 你是什么时候来中国的？你是什么时候开始学习汉语的？（是……的）

2 你为什么要学汉语？（丰富、希望、对……感兴趣）

3 你去过中国或者别的国家的哪些名胜古迹？你最喜欢哪个地方？为什么？

4 你有中国朋友吗？如果有，他是怎么帮助你学习汉语的？

4 补充阅读

一 我也是“名胜古迹”

刚到北京的时候我又寂寞又害怕，因为我是自己来的，谁都不认识。不过现在我已经有了四个好朋友，有外国留学生，也有中国学生，我高兴极了。

虽然我来中国还不到一个月，但是我参观了很多的名胜古迹，比如颐和园、长城、故宫、北海，等等。因为现在我经常和朋友们一起出去玩儿，所以没有时间想念家人，更不用说感到寂寞和害怕了。

十一国庆节放假时，我跟一个中国朋友一起去了她的老家——鞍山。因为去鞍山旅游的外国人不是很多，所以我很显眼，到处都有人久久地盯着我看。走在路上的时候，常常听他们叫：“老外！”我想这可能是因为和他们相比，我的头发太黄、眼睛太蓝了吧。我跟我的中国朋友开玩笑说：“我也是一个名胜古迹，不能免费参观！如果人们要看我，他们应该买票。中国人 15 块钱，外国人 10 块钱。”说完我们就哈哈大笑起来。

根据课文内容判断对错（对的画“√”，错的画“×”）

(　　) 1. 刚来北京的时候，“我”一个人也不认识。
(　　) 2. “我”来中国已经一个月了。
(　　) 3. 现在“我”有时也会感到寂寞和害怕。
(　　) 4. 因为“我”长得跟中国人不一样，所以中国人常常看“我”。
(　　) 5. 在鞍山，“我”和中国朋友免费参观了一个名胜古迹。

二 法国华裔的中国情

说我是法国人吧，可我爷爷是中国人，我也长着中国人的样子，而且红酒不是我最喜欢的，我喜欢喝茶；说我是中国人吧，我却从小在法国长大，想法跟中国人不一样。我只能说自己是一半一半。

我很小的时候，父母就让我学习汉语。那时我一点儿也不想学，为什么我的法国同学都不用学，我就一定要学呢？父母的回答是："你是中国人，必须学习自己的语言！"我被送到巴黎一所中文学校学习汉语，每周两次，每次学一个半小时。

在法国，会说汉语对找工作非常有帮助。现在，我才知道为什么父母要"逼"我学习汉语，我十分感谢他们。那么多外国人都能懂汉语，而中国人的后代却不会讲，那多不好意思啊。

根据课文内容回答问题

1. "我只能说自己是一半一半"是什么意思？

2. 小时候，"我"为什么不想学习汉语？

3. 父母为什么一定要"我"学习汉语？

2 汉语的特点

miàntiáor
面条儿

niǎor
鸟儿

课文

课前思考：1. 对你来说，汉语的声调难不难？第几声最难？
2. 你有没有因为发音错误而让别人觉得奇怪、不明白的时候？

课文一 我可以吻你一下吗

对我们外国人来说，汉语是一种很难学的语言。我就因为发音不好，闹过很多笑话。

有一天，我找不到回家的路了，只好向中国人问路。我看见对面走过来一个姑娘，就上去问她："对不起，我可以吻你一下吗？"我把四声的"问"发成了三声。那个姑娘瞪了我一眼没有回答就走了。我非常吃惊，心想，中国姑娘都这么没有礼貌吗？在一个十字路口，我看到了一位警察，于是就又上去

闹笑话 nào xiàohua make a fool of oneself
对面 duìmiàn opposite
吻 wěn kiss
瞪 dèng glare with displeasure
吃惊 chī jīng be surprised
礼貌 lǐmào manners, politeness
十字路口 shízì lùkǒu crossroad, crossway

问："我可以吻你一下吗？"那个警察奇怪地看着我："你怎么了？我是男人，你也是男人！"

又有一天，我打的回学校。一上车司机就问："上哪儿啊？"我听不懂，因为在课本里我们学的是："你去哪儿？"等他说第二句话："你要去哪儿啊？"我才明白过来。我小心地说："语言学院。"那位司机问我："哪个医院？"原来我把"学院"说成"医院"了。但是当时我不知道我说错了，我就说："海淀区的。"一路上我什么也不敢再说，什么也不敢再问。过了一会儿，司机说："到了！"我一看——海淀医院。我吃惊地说："不是这儿！是语言学院。"我说了很多遍，他才明白了我的意思。

奇怪　qíguài　strangely

小心　xiǎoxīn　carefully

海淀区　Hǎidiàn Qū　Haidian District

敢　gǎn　dare

1 根据课文内容判断对错（对的画"√"，错的画"×"）

(　　) 1. 听了"我"的话那位姑娘很生气。

(　　) 2. 那位姑娘没有回答是因为她也不认识路。

(　　) 3. 那位警察很高兴地帮助了"我"。

(　　) 4. 开始的时候"我"没有听懂司机问的话，因为他说得太快了。

(　　) 5. 最后出租车司机终于明白了"我"要去哪儿。

2 根据课文内容选词填空

敢　问路　汉字　医院　警察　学院　司机　海淀医院

吻　发音　明白　闹笑话　礼貌　语言学院

1. 我的__________不太好，常常__________。
2. 当我向一个姑娘__________的时候，把"问"发成了"__________"。
3. 我要去__________，但是我把__________说成__________了，出租车司机就把我带到了__________。

4. 刚来中国的时候，我常常听不懂__________说的话，因为他们说得太快了，但是我也不__________问，慢慢地我才__________了他们的话。

3 根据课文内容，为左边的词语找到合适的解释（在词语前填上序号）

	A. 去
□ 闹笑话(第2行)	B. 怕
□ 瞪(第6行)	C. 所以
□ 吃惊(第7行)	D. 看到没有想到的事情时会有的感觉
□ 礼貌(第8行)	E. 说有意思的事情
□ 于是(第9行)	F. 生气地看，眼睛很大
□ 奇怪(第10行)	G. 知道，懂
□ 上(第14行)	H. 做错了事情，别人觉得很可笑
□ 不敢(第20行)	I. 但是
□ 明白(第24行)	J. 跟一般的不一样，很少见
	K. 客气，对老师、年纪大的人等应该这样

4 根据课文内容选择正确答案

1. 第2行“我就因为发音不好，闹过很多笑话。”这句话的意思是：(　　)
   A. “我”喜欢说发音的笑话
   B. “我”会说很多笑话
   C. “我”做了很多可笑的事情

2. 第6行“那个姑娘瞪了我一眼没有回答就走了。”根据这句话我们知道：(　　)
   A. 那个姑娘非常高兴
   B. 那个姑娘很生气
   C. 那个姑娘没有听懂“我”的问题

3. 第16行“我才明白过来。”这句话的意思是：(　　)
   A. “我”才明白他的意思
   B. “我”才明白他让“我”过来
   C. “我”还是不明白

4. 第 20 行 “一路上我什么也不敢再说。” 这句话的意思是：(　　)

A. 一到了路上 “我” 就什么也不敢再说

B. 一路上 “我” 不知道怎么说

C. 一路上 “我” 不敢说话

5 用下列词语造句

闹笑话：________________

吃惊：________________

奇怪：________________

小心：________________

不敢：________________

6 改正下面短文中不对的地方，并把正确的句子写出来

我刚来中国时候，发音不太好，常常说 “吃饭” 成 “七饭”，别人常常听不懂我说什么。出门的时候，我也很少坐公共汽车，我常常坐打的，但是司机的说话我也常常听不懂。

____

____

____

____

课前思考：1. 请你猜一猜什么是“外来词”？

2. 看下面的图片，猜猜这些在汉语中被称为什么？

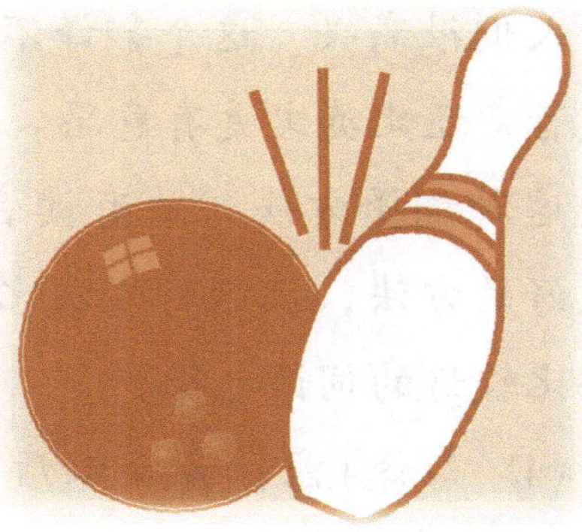

课文二 外来词

外来词是指从别的语言里借来的词。现在各种语言里的外来词都很多，汉语也是这样。可是你知道中国人把它们翻译成汉语时都用了哪些方法吗？

(1) 直接用英文字母。如：

OK　NBA　DVD　UFO

直接　zhíjiē　directly

(2) 音译：用汉字记录外语词的读音。如：

记录　jìlù　record

咖啡（coffee）　索尼（SONY）

雪碧（Sprite）　克隆（clone）

巧克力（chocolate）麦当劳（McDonald）

(3) 音译+意译：用汉字记录外语词的读音，同时也用汉字的意义表示词的意义。如：

意义　yìyì　meaning

表示　biǎoshì　indicate

“奔驰”英语是BENZ，在汉语中的意思是“(车、马) 很快地跑”。

“可口可乐”英语是Coca-Cola，“可口”是“Coca”的音译，而且这个词的意思是好吃或好喝，“可乐”是“Cola”的音译，而“乐”的意思是高兴，所以“可口可乐”在汉语里的意思就是说这种饮料很好喝，喝了以后人们很高兴。这个翻译不但保留了英语的发音，还比英文更有意思。

这种翻译方法，既有读音，又有意义，是最好的方法，但这种方法比较难，所以翻译得比较好的词语也很少。

(4) 音译+意：音译以后再加一个汉字来表示这个词的意义。如：

啤酒（beer）　　保龄球（bowling）
芭蕾舞（ballet）　艾滋病（AIDS）

饮料　yǐnliào　drink
保留　bǎoliú　reserve, retain
既　jì　both (...and...)

1 根据课文内容判断对错（对的画“√”，错的画“×”）

(　　) 1. 外来词是从英语中借来的词。
(　　) 2. 汉语中外来词非常少。
(　　) 3. 音译外来词的方法是最好的翻译方法。
(　　) 4. “音译+意”就是把外来词音译后，再意译。

2 根据课文内容给下面的外来词分类

克隆　NBA　可口可乐　啤酒
咖啡　UFO　麦当劳　奔驰

1. 直接用英文字母：________________
2. 音译：________________________
3. 音译+意译：____________________
4. 音译+意：______________________

3 把下面的英文词语和中文翻译连接起来

1. Nike	A. 肯德基
2. Motorola	B. 幽默
3. microphone	C. 酒吧
4. humor	D. 耐克
5. bar	E. 摩托罗拉
6. KFC	F. 麦克风

4 除了课文中的外来词，你还知道汉语里哪些词是外来词？请写在横线上

____

5 写一写。你知道你们国家语言中的外来词吗？它们一般是用什么方法来翻译的？

____

____

____

____

____

课前思考：你觉得北京人说话有什么特点？

课文三 儿化词

学习汉语时，你一定对那些后面有"儿"的词语特别感兴趣吧。比如说"面条儿""小孩儿""聊天儿"什么的。一般北方人说话时"儿"比较多，而南方人几乎不用。有时候有没有"儿"，词语的意思并不会改变，比如"公园""公园儿"，"好玩""好玩儿"，只是人们听起来会觉得有些不舒服；可也有很多时候，有没有"儿"这个字，词语的意思就完全不一样了。你知道"头"是什么意思吧？加上"儿"以后，"头儿"就变成了"老板""领导"的意思。更让外国人觉得困难的是，这个"儿"字还常常不写出来。中国人当然知道什么时候说，什么时候不说，可是外国人怎么知道呢？

一般来说，对于那些比较小的东西，中国人喜欢加上"儿"。比如我们常常去一些"小饭馆儿"吃饭，因为那里的饭菜很便宜；如果有人说去"饭店"，我们就知道，那一定是个又大又贵的地方，比如"北京饭店""中国大饭店"。再比如人们一般会在"咖啡馆儿"后面加"儿"，却很少在"图书馆"后面加上"儿"，这不仅因为图书馆比较大，也是因为这是一个应该认真学习的地方。

还有一种情况，就是对于那些自己喜欢的、觉得很可爱的东西，也常常加上"儿"。比如"乒乓球儿""小狗儿""鸟儿""花儿"等等。

词语 cíyǔ word and phrase

几乎 jīhū almost

好玩儿 hǎowánr fun, amusing, interesting

完全 wánquán totally, completely

老板 lǎobǎn boss

领导 lǐngdǎo leader

情况 qíngkuàng circumstances

1 根据课文内容判断对错（对的画“√”，错的画“×”）

(　　) 1. 中国南方人说话时很少有“儿”字。
(　　) 2. 有没有“儿”字，词语的意思不一样。
(　　) 3. 很多词语，中国人说的时候有“儿”，写的时候却不写。
(　　) 4. 咖啡馆儿一般不太大，所以后边常常加上“儿”。

2 根据课文内容选词填空

老板　改变　几乎　可爱　一样　北方人　小

1. “好玩”加上“儿”以后，它的意思不会__________。“头”加上“儿”以后，意思就不__________了，变成了__________的意思。
2. 中国人一般在说两种东西的时候常常加上“儿”，一是那些比较__________的东西，比如“小饭馆儿”；还有就是那些人们觉得很__________的东西，比如“花儿”。

3 你觉得下面哪些词语加上“儿”以后意思会改变？

早点　眼　门　画　黄　块

4 根据例句，用指定的词语或句式完成句子

> 例：因为……所以……
> 因为我的枕头太硬了，所以我想去买一个软一点儿的枕头。
> 因为北京饭店很大，所以人们不说“北京饭店儿”。

1. 对……感兴趣
   我们的课本上也有一些谈到北京的课文，我对那些名胜古迹的照片特别感兴趣。
   学习汉语时，留学生对那些后面有“儿”的词语特别感兴趣。
   我一直____

2. 比如说……什么的
   汉语里有很多儿化词，比如说“聊天儿”“面条儿”“小孩儿”什么的。
   我想了解中国，所以我上了很多网站，比如说Yahoo、MSN、Google什么的。
   北京有很多名胜古迹，________________________________

5 用下列词语造句

几乎：______________________________

好玩儿：______________________________

老板：______________________________

完全：______________________________

比如：______________________________

2 阅读训练（2）阅读的顺序

很多同学在阅读的时候一般都按照这样的顺序：一、读文章；二、做题；三、不能肯定的题再回去看文章。其实，很多问题的答案，特别是细节性的问题，在读的过程中看过了，但是当时没有特别注意，只好再回头去看，可是从那么多句子中找出那句话往往要花很多时间，时间就这么白白浪费了。特别是在考试的时候，要阅读的文章比较多，很多学生都感觉文章不太难，但是时间不够用，做不完，如果这样，你不妨试试下面的办法。

一、先看看文章后面的题，看问题主要是问什么，特别是一些细节，并把重要的词语画出来；

二、带着问题去阅读文章，找到哪道题的答案就马上去完成它；

三、不能肯定的题再回到文章中去认真找一找，想一想。这种方法能让我们更快地读完课文，特别是在考试的时候，能加快我们做题的速度。

3 写作

回答下列问题，然后把答案写下来

1 你觉得汉语中什么最难？为什么？

2 你还会说什么语言？你觉得哪种语言最难学？为什么？

3 你学习汉语时发生过什么有意思的事情吗？闹过笑话吗？

4 补充阅读

一 声调趣事

我刚来中国的时候，正是冬天，宿舍里很冷，我去商店买被子。我问售货员："你们这儿有 bēi 子吗？"她说，当然有，然后拿出一个杯子问："这个行吗？"我一下子明白了，是自己的发音错了，但是那个时候我刚学汉语，声调不准，售货员怎么也听不懂我想买什么。我只好一边说着"我要被子，不要杯子"，一边做出很冷的样子，售货员这才明白了。

还有一次，我觉得枕头太硬了，想去商店买个软一点儿的。我对售货员说："您好，我要买个 zhēn 头。"她说："我们商店不卖针头，你应该去药店。"我觉得很奇怪，我明明看见她后面就放着很多枕头，她怎么说没有呢？于是我又慢慢地说了一遍："我要买一个 zhēn 头。"她也慢慢地回答："我们这儿没有针头。"我知道自己是说不明白了，只好指着她的身后说："那是什么？"她笑了："那是枕头，不是针头。"

根据课文内容选词填空

药店　声调　杯子　被子　枕头　针头

这篇课文说了两件事情，这两件事情都是因为我的_______不太好。第一件事是，冬天的时候，我去商店买_______，但是我说成了_______。第二件事是，我要买_______，可售货员以为我要买_______，让我去_______买。

二 标点符号的故事

从前，有个有钱人想帮儿子请一位老师，但他十分小气，舍不得花钱，所以没有人愿意来。有一天终于有一位老师来到他家，并要求写一份合同，上面写道：

没有鸡鸭也可以没有鱼肉也可以青菜豆腐不可少不得学费

有钱人一看，"没有鸡鸭也可以，没有鱼肉也可以，青菜豆腐不可少，不得学费。"他高兴极了，天下还有这样的好事呢！于是马上就留下了那位老师。

开学以后，有钱人每天只做些青菜豆腐这样的素菜给先生吃，过了几天老师终于受不了了，叫来有钱人问："怎么每天既没有鸡鸭，也没有鱼肉？"有钱人生气地说："我们不是有合同吗？"

老师拿出合同，说："这合同上不是明明写着'没有鸡，鸭也可以；没有鱼，肉也可以。青菜豆腐不可。少不得学费！'吗？"

根据课文内容选词填空

素菜　学费　老师　合同　肉　舍不得　小气　标点符号

1. 一个有钱人想请一位__________教自己的儿子，但是没有人愿意来，因为他太__________了，__________花钱。
2. 终于有个老师愿意来，但是要求写一份__________。
3. 有钱人看了合同以后很高兴，因为他觉得那个老师每天吃饭只要__________，不吃__________，而且还不要__________。
4. __________放在不同的地方，合同的意思也不一样。

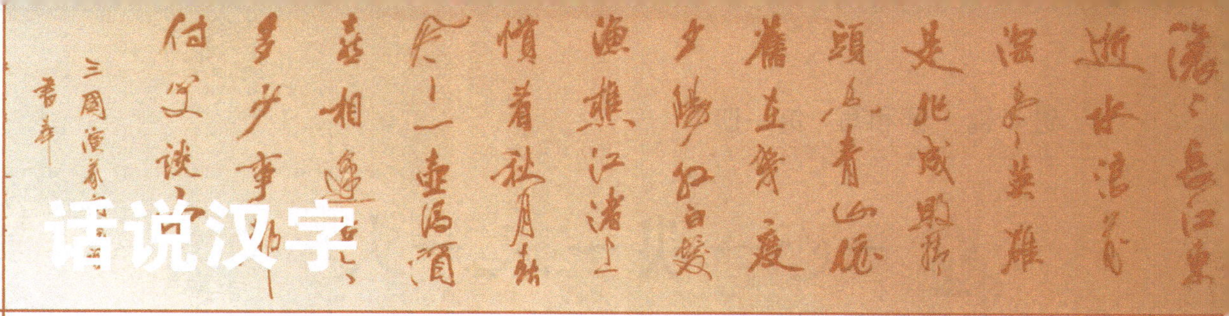

3 话说汉字

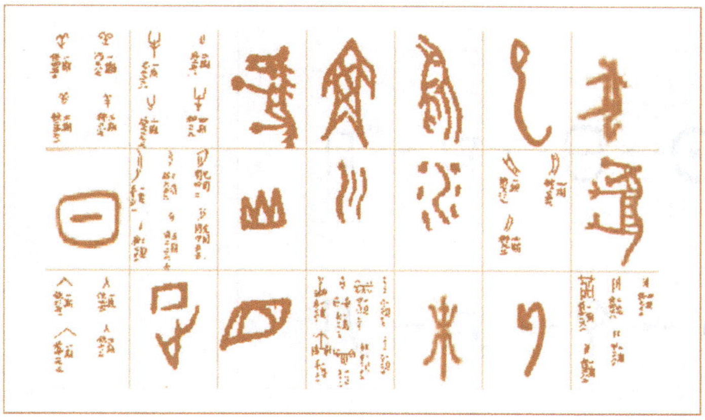

课文

课前思考：从上面的图片你能想到什么汉字？

课文一 象形字和会意字

外国人学习汉字的时候，总觉得写汉字就像在画画儿一样。汉字最早是一幅幅的图画，差不多就是看着那个东西的样子画出来的，所以我们叫它象形字。比如：

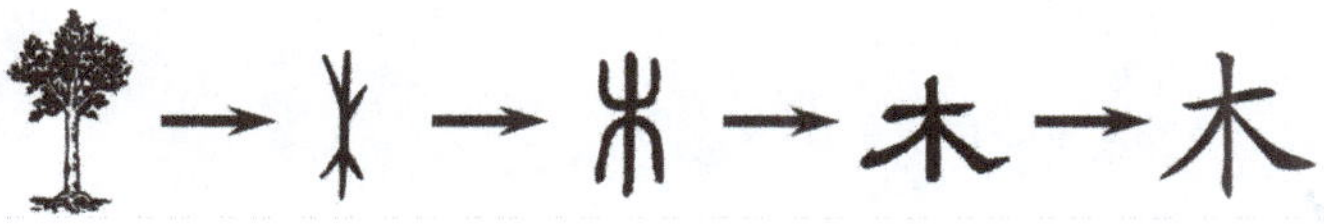

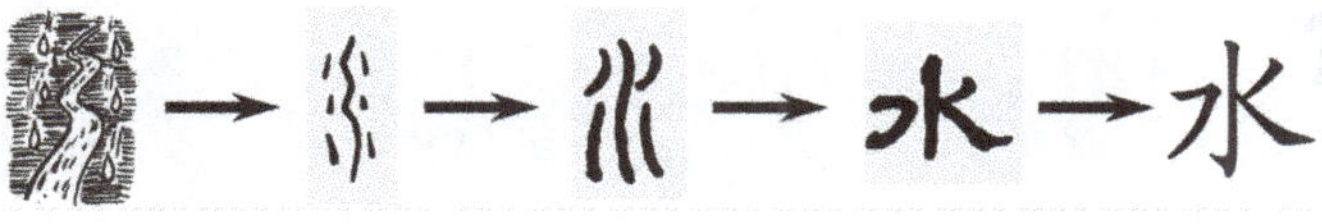

图画 túhuà drawing, picture

象形字 xiàngxíngzì pictograph

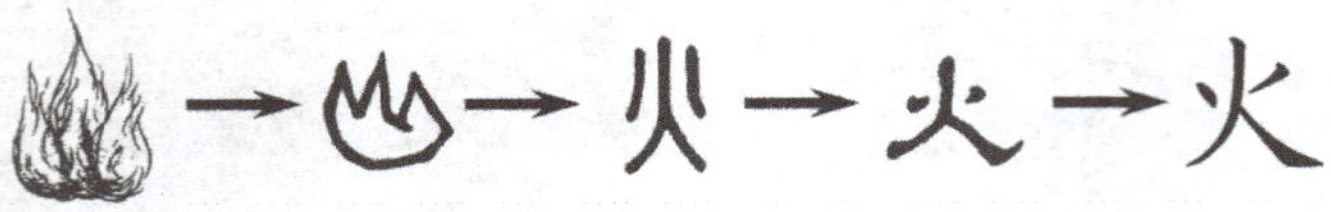

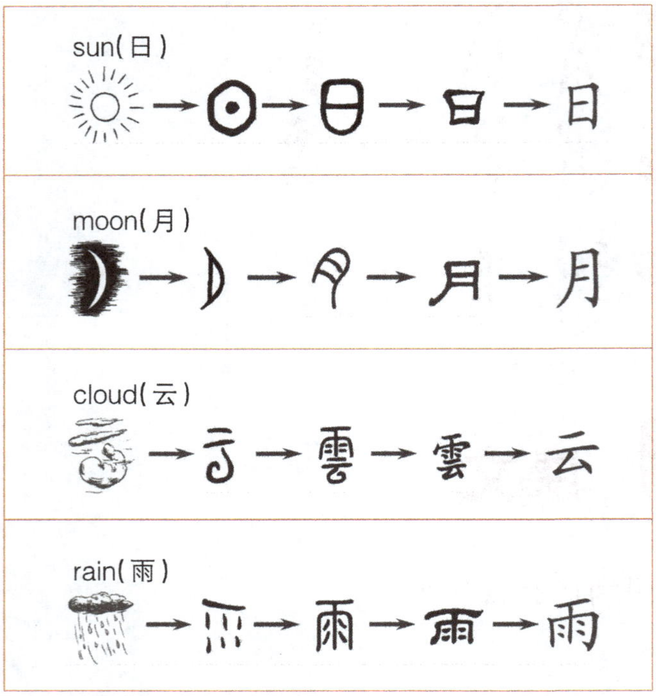

一个人靠在树下，这就是“休”字，表示他正在休息呢，这样的字叫会意字。会意字一般用两个或两个以上的部分，根据意义之间的关系合成一个字，一起表示一个意思。会意字可以表示许多抽象的、用象形的方法难以表示的意义。

靠　kào　lean on

会意字　huìyìzì　associative compound character

部分　bùfen　part

抽象　chōuxiàng　abstract

天空为什么那么明亮？因为有日和月。日月合在一起就是“明”字。下面这个字是“见”字，下面一个小人儿，上面有一只眼睛，表示用眼睛看，也就是“看见”的意思。

每个汉字就像是一幅画儿，也像是一个谜语。了解了这些，你就会觉得汉字很有意思，学习汉字也可以变得容易一些。当你遇到生字的时候，根据它的样子和每个部分的意思，试着猜一猜它的意思，看看能不能猜出来。

天空 tiānkōng sky
明亮 míngliàng bright
谜语 míyǔ riddle

1 根据课文，把下面的汉字分成两类

日 月 明 火 休 见 木 山 雨

象形字：________________

会意字：________________

2 请你猜猜下面的汉字是课文中讲的哪一类字

从 网 田 看 森 男

鱼 家 泪 水 灾 采

象形字：________________

会意字：________________

3 根据课文内容，为左边的词语找到合适的解释（在词语前填上序号）

	A. 不认识的汉字
□ 根据（第7行）	B. 图画
□ 抽象（第9行）	C. 多个部分放在一起
□ 难以（第10行）	D. 故事
□ 合（第12行）	E. 让人猜的游戏
□ 谜语（第16行）	F. 靠，凭借
□ 生字（第18行）	G. 以为
	H. 很难
	I. 没有形象的，不具体的

4 根据课文内容完成下列对话

：老师，我觉得写汉字就像画画儿一样，每个汉字都是一幅画儿吗？

：哈哈，很多留学生都有你这样的感觉。汉字最早的时候______

______

：这么有意思，汉语中的象形字多吗？

：多啊，比如______

：我明白了，那“山”字也一定是象形字。因为______

______

：你很聪明啊，说得很对。

：汉字都是象形字吗？如果是比较抽象的意思，怎么表示呢？

：不都是，还有别的字，其中有一种字叫会意字，就是______

______比如______

：“休”怎么会有休息的意思呢？

：你看这个“休”字，左边是______

：啊，我明白了，汉字真有意思。

课前思考：下面的这些汉字有什么相同和不同的地方？你能猜出它们的意思吗？

qǐng	qīng	qíng	qíng	qīng
请	清	晴	情	蜻

课文二 形声字

形声字是汉字中数量最多的字，现在常用的汉字中有90%的字都是形声字。

形声字一般有两部分：一部分表示这个字的意义，叫做形旁；一部分表示这个字的读音，叫做声旁。

比如说，“海洋”的“洋”，“氵”是它的形旁，表示这个字和水有关系；“羊”是它的声旁，表示“洋”读“羊”这个音。如果大家了解了这一点，就能很容易地记住汉字了。

请看下面的例子：

讠——通常表示和语言有关系：语、说

扌——通常表示和手有关系：打、找

饣——通常表示和饮食有关系：饭、饿

木——通常表示和树木有关系：树、床

心——通常表示和心理有关系：想、忘

但是，汉字已经有几千年的历史了，有些字的意义和读音早就已经发生了变化，我们无法从形旁看出这个字和什么有关系，有的声旁也不表示这个字现在的发音了。所以

形声字 xíngshēngzì pictophonetic character

数量 shùliàng number, amount

例子 lìzi example

饮食 yǐnshí food and drink, diet

无法 wúfǎ be unable

我们不能一见到形声字，就完全看形旁和声旁去猜它的意义和发音。比如：

青，读 qīng；

情，读 qíng；

请，读 qǐng。

但是，“猜”读 cāi，和“青”的发音已经完全没有关系了。

形旁通常在一个字的左边、上边或外边，而声旁在右边、下边或里边，比如“洋”这个字，形旁“氵”在左边，声旁“羊”在右边；“花”的形旁“艹”在上边，声旁“化”在下边；“园”的形旁“口”在外边，声旁“元”在里边。

当然也不总是这样。比如“放”这个字就是形旁“攵”在右边，而声旁“方”在左边；“想”是形旁“心”在下边，声旁“相”在上边。

1 根据课文内容判断对错（对的画“√”，错的画“×”）

(　　) 1. 现在常用的汉字，大部分是形声字。

(　　) 2. 汉字有一千多年的历史了。

(　　) 3. 形声字都是由左右两部分组成的。

(　　) 4. 如果我们知道一个字声旁的读音就能知道这个字的读音。

(　　) 5. 形声字的形旁总是在字的左边、上边或外边。

2 根据课文内容填空

1. 形声字有两部分，和意义有关系的是__________，和读音有关系的是__________。
2. “抬”的意思和__________有关系，它的发音可能是__________。
3. “怒”的意思和__________有关系，它的发音可能是__________，因为我们学过的“__________”这个汉字里也有“奴”。
4. “瘤”的形旁是__________，声旁是__________。

3 根据课文内容，为左边的词语找到合适的解释（在词语前填上序号）

	A. 没有办法，不能
□ 数量（第1行）	B. 数字
□ 饮食（第13行）	C. 都，没有一点儿不
□ 无法（第19行）	D. 吃和喝
□ 完全（第21行）	E. 全部的
	F. 东西的多少

4 想一想，学过的哪些汉字含有下面的部件

例：青：请、清、情、晴、蜻

女：____________________

口：____________________

子：____________________

人：____________________

课前思考：看下面图片二，猜猜这是什么？是做什么用的？

图片一

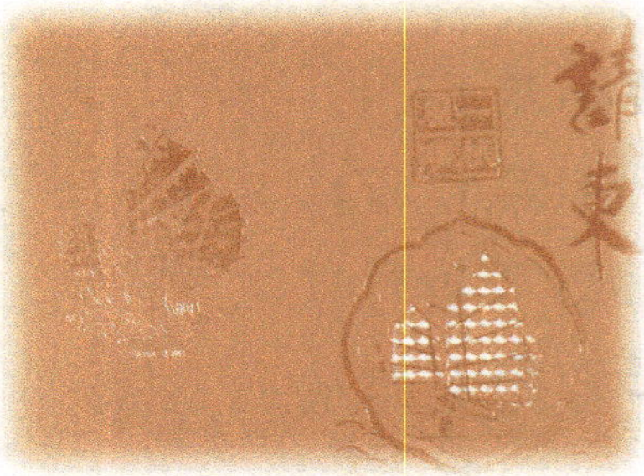

图片二

课文三　姓万

古时候，有个富翁，家里很有钱，可他没有文化，不识字。他觉得识字很重要，不想让儿子也像自己一样不识字，于是，他请了一位十分有名的老师来教他的儿子识字。

第一天，老师教他的儿子写字，写上一笔时，老师告诉他这是“一”字；写上两笔时，告诉他这是“二”字，三笔就是“三”字。他的儿子听了，扔下笔高兴地跳起来，说：“爸爸还说写字很难，谁知道写字这么简单！为什么还要请老师呢？我已经学会怎么写汉字了。”那个富翁听了儿子的话，就把老师辞退了，还对自己的儿子说：“你可真聪明，这么快就会写字了。”

过了几天，富翁要请一位姓万的朋友到家里来吃饭，就叫儿子写个请柬。儿子一大早就来到书房，可是，写了大半天还是没有写完。富翁着急得很，跑到书房里去催他。

儿子很不高兴地说：“姓什么不好，偏偏要姓万。我从早上到现在，才写了五百多笔！”

扔　rēng　throw

请柬　qǐngjiǎn　invitation card

催　cuī　urge, hurry

偏偏　piānpiān　just, unluckily

1 根据课文内容判断对错（对的画“√”，错的画“×”）

（　　）1. 富翁请了一位老师来教他学习汉字。

（　　）2. 富翁的儿子非常聪明，学得很快。

（　　）3. 富翁的朋友姓万。

（　　）4. 富翁的儿子觉得写“万”就是写一万笔。

2 根据课文内容选词填空

催　简单　请柬　聪明　大半天　扔　识字　教　着急

1. 富翁听儿子说汉字很＿＿＿＿＿＿，不用老师＿＿＿＿＿＿，觉得儿子很＿＿＿＿＿＿。
2. 有一天，富翁想请朋友来吃饭，就让儿子写个＿＿＿＿＿＿。
3. 儿子写了＿＿＿＿＿还是没有写完，富翁很＿＿＿＿＿，就去书房＿＿＿＿＿他。

3 根据课文内容选择正确答案

1. 第 15 行“儿子一大早就来到书房”的意思是：（　　）
   A. 儿子一起床就来到书房
   B. 儿子很早就来到书房
   C. 儿子早就来到书房了

2. 第 16 行“写了大半天还是没有写完”中的“大半天”的意思是：（　　）
   A. 一个上午　　B. 一天的大部分时间　　C. 很长时间

3. 第 17 行“着急得很”的意思是：（　　）
   A. 很着急　　B. 有点儿生气　　C. 不放心

4. 第 18 行“姓什么不好，偏偏姓万。”的意思是：（　　）
   A. 姓什么最好呢
   B. 姓什么都不好
   C. 姓万不好

5. 第 19 行“才写了五百多笔”中“才”的意思是：（　　）
   A. 已经　　B. 刚才　　C. 只

4 根据课文内容，为左边的词语找到合适的解释（在词语前填上序号）

	A. 着急
□ 富翁（第 1 行）	B. 看书、学习的房间
□ 扔（第 8 行）	C. 让别人快点儿做事
□ 辞退（第 12 行）	D. 脑子很好用，学东西很快
□ 聪明（第 12 行）	E. 让东西离开手，不要了
□ 请柬（第 15 行）	F. 老人
□ 书房（第 16 行）	G. 不让……工作了
□ 催（第 17 行）	H. 请别人参加活动时送去的像信一样的东西
	I. 很有钱的人

5 根据课文内容，用指定的词语或句式完成句子

1. Adj + 得很

富翁着急得很，跑到书房里去催他。

儿子觉得写汉字＿＿＿＿＿＿＿＿＿＿＿＿，不用请老师。

2. 谁知道……

爸爸还说写字很难，谁知道写字这么简单！为什么还要请老师呢？

父亲觉得请柬应该很快就能写完，＿＿＿＿＿＿＿＿＿＿＿＿。

6 用下列词语造句

催：＿＿＿＿＿＿＿＿＿＿＿＿＿＿＿＿＿＿＿＿

一大早：＿＿＿＿＿＿＿＿＿＿＿＿＿＿＿＿＿＿＿＿

大半天：＿＿＿＿＿＿＿＿＿＿＿＿＿＿＿＿＿＿＿＿

偏偏：＿＿＿＿＿＿＿＿＿＿＿＿＿＿＿＿＿＿＿＿

谜语

例：上下难分　打一字（谜底：卡）

1. 田中　　　　打一字
2. 九十九　　　打一字
3. 日月自西向东　打一字

2 阅读训练（3）口语和书面语

任何一种语言都有口语和书面语的区别，口语是在生活中说的话，书面语是电视、报纸的新闻中常常要用到的语言。我们在初级汉语课中，学的大部分都是口语词，很少学到书面语词。

我们的课文都是从杂志、报纸中找来的，因此其中有很多书面语，其实，我们在阅读中遇到的很多书面语和我们学过的口语词意思都是一样的。下面是一些常见的书面语和对应的口语词，在以后的阅读中会常常见到：

1. 来中国之前，我就对中国的文化很感兴趣。（以前）
2. 一般北方人吃面食比较多，而南方人吃米饭比较多。（但是）
3. 在北京有这么多中国朋友，我再也不会感到寂寞了。（觉得）
4. 这部电影主要说的是爱情与亲情的关系。（和）
5. 中国和我们国家的生活习惯有很多差异。（不一样）
6. 你是否明白这篇文章的主要意思呢？（是不是）

在书面语中，还常常会有词语缩略的情况，也就是把双音节的口语词缩略成单音节的词。

比如：

7. 这是中国人在吃饭前后聊天时常说的话。（以前和以后）（……的时候）
8. 他曾在中国生活过20多年。（曾经）

3 写作

回答下列问题，然后把答案写下来

1 你觉得汉字难吗？刚开始学汉语的时候，你每天要用多长时间练习写汉字？

2 你用过哪些好方法帮助你记汉字？

3 如果不用学汉字，只学拼音，你觉得会有更多的外国人学汉语吗？为什么？

4 有的留学生认为，学写汉字没有用，现在都用电脑打字，只要知道汉字的拼音就可以，不用学怎么写，你怎么看？

4 补充阅读

一、中国很行

多音字是指有两个或者两个以上读音的汉字。比如“乐”这个字在“可乐”里念“lè”，在“音乐”里念“yuè”。学习汉语时，一定要看明白上下文的意思，再决定这个字念什么，不然就会闹笑话。

一个外国留学生来中国学习汉语，他的中国朋友问他在中国过得怎么样。那位留学生说：“很好！中国人很热情！很友好！我在这里生活得很好！但是，我发现一个问题，我以前听说中国人很谦虚，谁知道根本不是这样。”

中国朋友问：“为什么这么说？”

留学生回答说：“我逛街的时候，看到你们马路上很多地方都写着‘中国很行’，就连人民币上也写着‘中国人民很行’。你们中国人怎么这么不谦虚？”

1 根据课文内容判断对错（对的画“√”，错的画“×”）

（　　）1. 多音字是读音很简单的汉字。
（　　）2. 那个留学生觉得中国人又热情又友好。
（　　）3. 那个留学生觉得中国人特别谦虚。
（　　）4. 那个留学生觉得中国人很行。

2 根据课文内容选词填空

读音　谦虚　热情　银　了不起　中国很行　很　友好

1. 那个留学生觉得中国人对他很__________，也很__________，但是一点儿也不__________。

2. 他看到中国很多地方都写着＿＿＿＿＿＿＿＿，觉得意思是中国人自己说自己很＿＿＿＿＿＿＿＿。

3. 其实，他把＿＿＿＿＿＿＿＿错看成了＿＿＿＿＿＿＿＿，而且把多音字"行"的＿＿＿＿＿＿＿＿读错了。

二 能治病的汉字

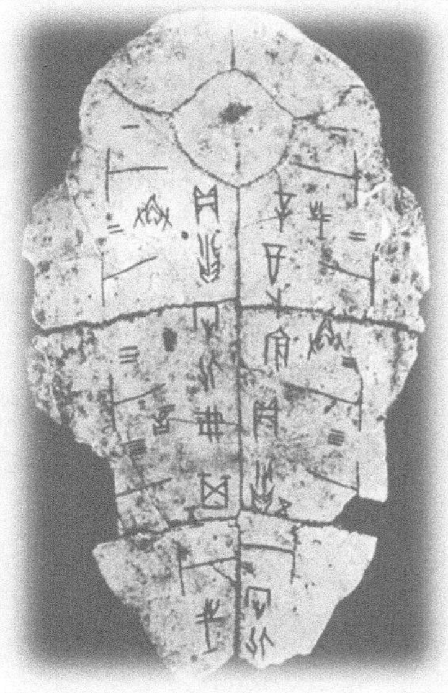

一百多年前，有一个农民叫李成。这年夏天，天气很热，李成生了病，身上又疼又痒，但是他没有钱去看大夫。一天，他看到河边有一些人们不要的龟甲，就捡起一片，用手一捏，龟甲变成了白面面。他把白面面涂在身上，奇怪，身上不痒了。李成高兴极了，他把河边的龟甲带回去，卖给中药店，这就是中药里的"龙骨"。从那天以后，李成天天到河边捡龙骨，村里的农民也把从地里找出的龟甲卖给中药店。

1899年的秋天，一个叫王懿荣的人得了病，他派人到中药店去买了一些中药。药买回家以后，王懿荣发现，一种叫龙骨的中药上有一些符号。王懿荣对古代文字很有研究，他觉得，刻在龙骨上的符号可能是一种很古老的文字。他马上派人把中药店里上面有符号的龙骨全部买回来，共找到了1500多片。他从这些符号中认出了"雨""日""月""山""水"等字，后来又找出了古代几位国王的名字。原来龙骨并不是什么"龙"骨，而是几千年前的龟甲和兽骨，刻在上面的文字就被叫做甲骨文。

根据课文内容判断对错（对的画“√”，错的画“×”）

(　　) 1. 李成知道河边的龟甲可以治自己的病，所以捡来治病。

(　　) 2. 河边的龟甲治好了李成的头疼。

(　　) 3. 中药店收龟甲作为一种治病的药。

(　　) 4. 王懿荣看到龟甲上有很多符号，但不知道是什么。

(　　) 5. 王懿荣发现龟甲上的符号是一种文字。

(　　) 6. 甲骨文是几千年以前刻在龟甲和兽骨上的文字。

4 中华饮食

Ⅰ 课文

课前思考：看上面的图片，你知道它们是什么吗？猜猜它们之间有什么关系。

课文一　饺子

中国人爱吃饺子，除了好吃以外，更重要的是因为，在中国人看来，饺子是一种吉祥的食品。

饺子的皮儿是圆的，中国人都希望团圆。过年的时候，一家人坐在一起，边包饺子边聊天儿，热热闹闹地一起吃饺子，这样全家人就可以永远在一起，不分开。而且饺子的形状和元宝很像，吃了饺子，在新的一年里人们就能挣更多的钱，过上更好的日子。

吉祥　jíxiáng　lucky, auspicious
食品　shípǐn　food
皮儿　pír　wrapper
团圆　tuányuán　reunion
包　bāo　wrap
分开　fēnkāi　separate
形状　xíngzhuàng　shape
元宝　yuánbǎo　shoe-shaped gold or silver ingots
挣　zhèng　earn (the money)

中国北方人在冬至那天一般都要吃饺子，所以这一天，超市和饭店的饺子卖得最好。冬至过后，一年中最冷的日子就要到了。老人们常说，冬至这一天不吃饺子，就会冻坏耳朵。这是为什么呢？

很久以前，有个有名的张医生，一年冬天，他看到很多穷人因为天气太冷，把耳朵都冻坏了。于是他想了一个办法，他做了一锅汤，把羊肉、辣椒和一些可以让身体暖和的药放在锅里煮，熟了以后捞出来，用面皮包成耳朵的样子，再放到锅里用原来的汤煮熟。面皮包好后，形状很像耳朵，又因为它是为了不让耳朵冻坏，所以张医生把它叫做“娇耳（jiāo’ěr）”。张医生给每个穷人一碗汤，两个“娇耳”，人们吃了“娇耳”，喝了汤，全身都很暖和。

张医生是在冬至这天去世的，又是在冬至这天给穷人们喝“娇耳”汤的，从那以后人们在冬至这天都要吃饺子。

冬至　dōngzhì　Winter Solstice（22nd solar term）
超市　chāoshì　supermarket
冻　dòng　freeze
耳朵　ěrduo　ear
锅　guō　pot
辣椒　làjiāo　chilli
煮　zhǔ　boil, cook
熟　shú　cooked
捞　lāo　scoop up, dredge up
去世　qùshì　die, pass away

1 根据课文内容判断对错（对的画“√”，错的画“×”）

（　　）1. 中国人喜欢吃饺子，只是因为饺子很好吃。
（　　）2. 饺子是一种吉祥的食品。
（　　）3. 过年的时候，中国人要全家人一起包饺子、吃饺子。
（　　）4. 中国北方人有冬至吃饺子的习惯。
（　　）5. “娇耳”就是后来的饺子。

2 根据课文内容选词填空

汤　穷人　皮儿　团圆　冬至　辣椒　吉祥　元宝　医生　耳朵　去世

1. 在中国，饺子是一种_______的食品，因为它的_______是圆的，有_______的意思。另外，饺子的样子和_______很像，中国人觉得吃了饺子会有更多的钱。
2. _______的时候，中国人一般都要吃饺子，因为中国人觉得那天不吃饺子，会冻坏_______。这一天吃饺子和一个姓张的_______有关，他做了饺子送给那些_______吃，人们都很感激他，他是在那一天_______的，所以，中国人会在这一天吃饺子。

3 根据课文内容选择正确答案

1. 第一段的主要意思是_______，第二段的主要意思是_______，第三段的主要意思是_______，第四段和第五段的主要意思是_______。

   A. 中国人有冬至吃饺子的习惯

   B. 饺子为什么是一种吉祥的食品

   C. 人们为什么有冬至吃饺子的习惯

   D. 中国人喜欢吃饺子的原因

2. 人们为什么觉得吃了饺子在新的一年里就能挣更多的钱？（ ）

   A. 因为饺子里面有很多肉和菜

   B. 因为以前有钱人才能吃到饺子

   C. 因为饺子的形状很像古代的钱

   D. 因为吃饺子时全家人要在一起

3. 以前人们觉得，如果冬至不吃饺子，会怎样？（ ）

   A. 耳朵会冻坏

   B. 新的一年会没有钱

   C. 一家人不能团圆

   D. 不吉祥

4 根据课文内容，为左边的词语找到合适的解释（在词语前填上序号）

	A. 家人分开后又见面了
□ 食品（第 3 行）	B. 受伤
□ 团圆（第 4 行）	C. 饭菜热了，可以吃了
□ 超市（第 11 行）	D. 因为太冷，身体出了问题
□ 冻（第 14 行）	E. 吃的东西
□ 煮（第 19 行）	F. 把东西从水里拿出来
□ 熟（第 19 行）	G. 一种做饭菜的方法，把东西放在有水的锅里烧
□ 捞（第 19 行）	H. 死
□ 去世（第 26 行）	I. 从地上拿起来
	J. 一种商店，人们可以自己去拿想买的东西，最后付钱

5 请为下面的文字找到合适的图片

1. 准备饺子皮，可以自己做，也可以买。
2. 准备饺子馅儿。可根据个人口味放入各种肉和菜。
3. 在饺子皮中放 15 克的馅儿。
4. 把饺子皮上下对折成半圆，用双手拇指和食指按住边。
5. 用力捏紧中间的部分。
6. 饺子包好。

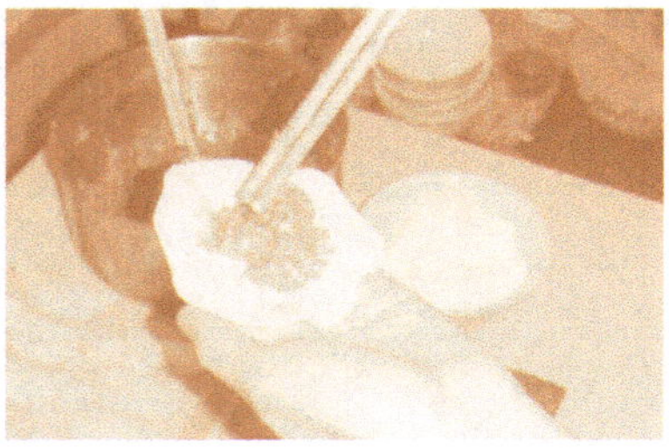
A

B

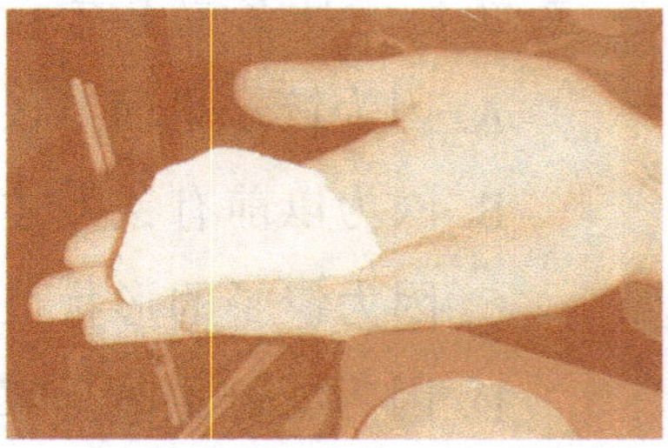
C

D

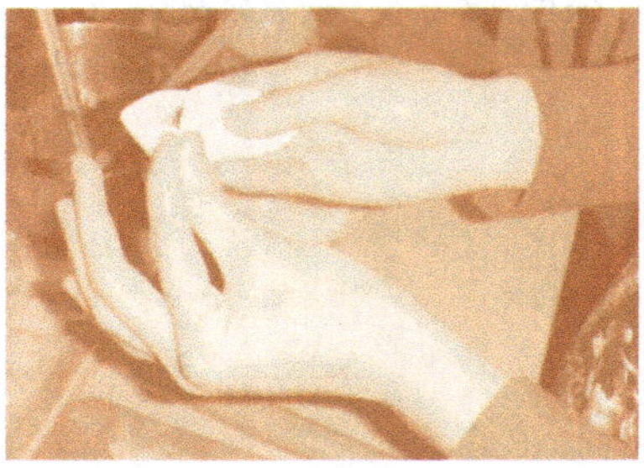
E

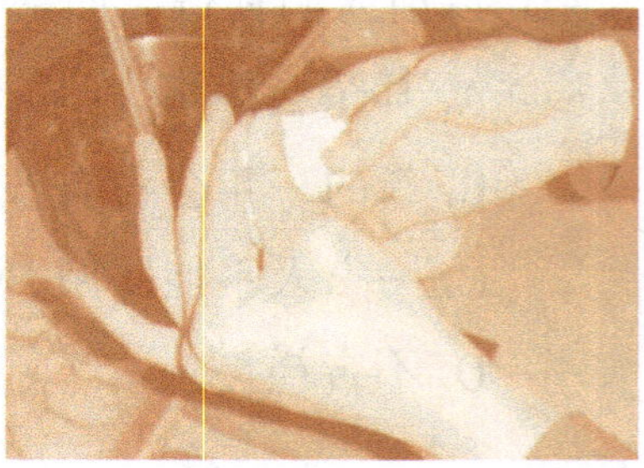
F

6 用下列词语造句

吉祥：______________________________

分开：______________________________

去世：______________________________

团圆：______________________________

课前思考：1. 你爱吃鱼香肉丝吗？鱼香肉丝是什么味道的？是用鱼做的吗？

2. 中国人做菜的时候常常放下面的东西，你认识它们吗？找到它们的名字。

a. 蒜 suàn

b. 葱 cōng

c. 姜 jiāng

课文二　鱼香肉丝的故事

只要在中国待上一段时间，外国人就肯定吃过味道比较辣的川菜，因为川菜在中国很流行，几乎每个城市都有川菜馆。川菜中有几个很有名的菜，比如宫保鸡丁、鱼香肉丝，等等。大家都知道，鱼香肉丝中的“肉丝”是猪肉丝，而不是鱼肉，鱼香肉丝里其实没有鱼，那为什么菜名里还有“鱼”呢？听听下面的故事，你就明白了。

很久以前，四川有一家人很喜欢吃鱼，在做鱼的时候要放一些葱、姜、蒜、酒、醋、酱油等调料。有一次妻子一个人在家，炒肉丝时，她想起上次做鱼时还有很多调料没有用完，为了不浪费，她就把这些调料都放进来和肉丝一起炒，她想这道菜可能不会很好吃。男主人回家后，她很担心丈夫会因为菜不好吃而不高兴，可是男主人吃了以后马上高兴地问妻子这道菜是怎么做出来的。女主人告诉他，自己是用做鱼的调料来炒肉丝，没想到竟然这么好吃。后来人们就把这个菜叫做“鱼香肉丝”。

肉丝　ròusī　shredded meat

醋　cù　vinegar

酱油　jiàngyóu　soy sauce

调料　tiáoliào　flavoring, seasoning

炒　chǎo　saute, stir-fry

浪费　làngfèi　waste

竟然　jìngrán　unexpectedly

根据课文内容选择正确答案

1. 那个妻子用什么做鱼香肉丝的调料？（　　）

   A. 做鱼的调料

   B. 炒肉丝的调料

   C. 买来的辣味调料

2. 妻子为什么把做鱼的调料放进肉丝里？（　　）

   A. 因为她不舍得扔掉

   B. 因为这样做很好吃

   C. 因为调料快要坏了

3. 为下面的做菜方法找到对应的图片

   A. 炒：把食物放在锅里加热并随时翻动使熟，炒菜时要先放些油。

   B. 煎（jiān）：锅里放少量油，加热后，把食物放进去使表面变黄。

   C. 煮（zhǔ）：把食物或其他东西放在有水的锅里烧。

   D. 炸（zhá）：把食物放在很热的油里弄熟。

   E. 炖（dùn）：加水烧开后用小火煮很长时间。（多用于肉类）

   F. 烤（kǎo）：使物体靠近火，让它熟或干燥。

小组活动：点菜

1. 看下面的菜单，找出你吃过的菜和你最喜欢的菜。
2. 四人一组，其中三人是吃饭的顾客，一人是服务员。

要求：

（1）点9个菜，有荤有素，还要有汤、主食、饮料，但不能浪费。

（2）三人中，一人不吃辣，一人不吃鱼。

（3）顾客要向服务员询问菜的口味、材料，并请服务员推荐好吃的菜。

（4）服务员写下点的菜名，并计算一共多少钱，看哪一组点的菜又便宜又合适。

菜　单

凉菜 Cold Dishes

老醋花生 lǎocù huāshēng

Peanuts in vinegar　8元

凉拌金针菇 liángbàn jīnzhēngū

Golden mushroom salad　8元

皮蛋豆腐 pídàn dòufu

Bean curd with preserved egg　8元

凉拌黄瓜 liángbàn huángguā

Cucumber salad　6元

五香牛肉 wǔxiāng niúròu

Spiced beef　18元

桂花糯米藕 guìhuā nuòmǐ ǒu

Lotus root stuffed with steamed glutinous rice dressed with sweet scented osmanthus　12元

素菜 Vegetables

板栗白菜 bǎnlì báicài

Sautéed Chinese cabbage with chestnuts　15元

蒜茸西蓝花 suànróng xīlánhuā

Sautéed broccoli with garlic　15 元

西红柿炒鸡蛋 xīhóngshì chǎo jīdàn

Scrambled eggs with tomato　10 元

西芹百合 xīqín bǎihé

Sautéed celery and lily root　16 元

家常豆腐 jiācháng dòufu

Home-style fried bean curd　10 元

鱼香茄子 yúxiāng qiézi

Fish-flavored eggplants　12 元

松仁玉米 sōngrén yùmǐ

Sautéed corn with pine seeds　18 元

醋熘土豆丝 cùliū tǔdòu sī

Sautéed potatoes with vinegar　8 元

肉菜 Meat Dishes

京酱肉丝 jīng jiàng ròusī

Sautéed shredded pork with sweet-bean sauce　16 元

鱼香肉丝 yúxiāng ròusī

Fish-flavored sautéed shredded pork in chilli sauce　16 元

咖喱牛肉 gāli niúròu

Sautéed beef in curry sauce　20 元

烤羊腿 kǎoyángtuǐ

Roast lamb leg　38 元

宫保鸡丁 gōngbǎo jīdīng

Sautéed diced chicken with peanuts and chilli　16 元

可乐鸡翅 kělè jīchì

Chicken wings stewed in cola　22 元

水煮鱼 shuǐzhǔyú

Poached sliced fish in hot chilli oil　38 元

北京烤鸭 Běijīng kǎoyā

Beijing roast duck　96 元/套

汤 Soup

西湖牛肉羹 Xīhú niúròugēng	
Minced beef and bean curd soup	16 元
番茄蛋花汤 fānqié dànhuātāng	
Tomato and egg soup	8 元
酸辣汤 suānlàtāng	
Spicy and sour soup	8 元
美味蘑菇汤 měiwèi mógutāng	
Tasty mushroom soup	12 元

甜点 Desserts

炸麻球 zhámáqiú	
Deep-fried glutinous rice flour balls with sesame	10 元
南瓜饼 nánguābǐng	
Pumpkin pies	10 元
蔬菜春卷 shūcài chūnjuǎn	
Spring rolls stuffed with vegetables	10 元
金银小馒头 jīnyín xiǎomántou	
Steamed and deep-fried mini-buns	10 元/打

主食 Main Food

米饭 mǐfàn	
Steamed rice	1 元/碗
排骨面 páigǔmiàn	
Noodles with pork ribs	8 元
火腿炒饭 huǒtuǐ chǎofàn	
Stir-fried rice with ham	8 元
醪糟汤圆 láozāo tāngyuán	
Glutinous rice flour balls in rice wine soup	6 元
三鲜水饺 sānxiān shuǐjiǎo	
Dumplings stuffed with three fresh delicacies	20 元/斤

小笼包 xiǎolóngbāo

Steamed buns stuffed with pork　10 元/笼

酒水 Drinks

菊花茶 júhuāchá

Chrysanthemum tea　10 元/壶

可口可乐 kěkǒukělè

Coca Cola（1.5 L）　10 元/瓶

果汁 guǒzhī

Fruit juice　15 元/盒

二锅头 èrguōtóu

A brand name of Chinese liquor　26 元

茅台(500ml 38°) máotái

Maotai Spirit　380 元

青岛啤酒 qīngdǎo píjiǔ

Tsingtao beer　10 元

课前思考：1. 下面两种吃饭方式各有什么好处和坏处？写在表格中。

2. 你更喜欢用哪种方式吃饭？

	一起点菜，一起吃	自己点自己的菜，吃自己的菜
好处		
坏处		

课文三　聚餐和分餐

中国人喜欢聚餐，一般都是几个人共同点上几个菜，然后大家围坐在一起，一起分享这些菜，而西方人喜欢分餐，一般都是各自点自己想吃的菜，然后各自吃，不互相分享。近年来，中国不少高档的中餐厅也开始推行分餐制。首先当然是那些经常做外国人生意的大饭店，外国人来中国当然想品尝一下地道的中餐，然而他们又不习惯中餐的聚餐方式，于是分餐制就被这些经常接待外宾的饭店用到了中餐上。

现在有些人也觉得聚餐吃饭不卫生，认为中国人也应该分餐。从事导游工作的李女士认为："分餐制是科学、卫生的用餐方法。

聚餐　jùcān　dine together

地道　dìdao　authentic

卫生　wèishēng　hygienic

俗话说病从口入，像从事我这种工作的，整天在外面吃，很希望全面推行分餐制。”但是大部分中国人认为，分餐不适合中国。因为中国人喜欢团圆，习惯圆桌吃饭，人们坐在一起吃饭，要的就是这种热闹的感觉，分餐吃饭会让人觉得拉大了人和人之间的距离，这很难在短时间内被中国人接受。特别是像火锅这种东西，人们都不愿意分餐。因为吃火锅，最重要的就是大家坐在一起，热热闹闹地在一个锅里吃。人们不只是在吃饭，更重要的是在很快乐地交流感情。

俗话　súhuà　saying

距离　jùlí　distance

接受　jiēshòu　accept

火锅　huǒguō　chafing dish

交流　jiāoliú　communicate

感情　gǎnqíng　emotion

1 根据课文内容选择正确答案

1. 西方人一般喜欢____________的方式，中国人一般喜欢____________的方式。
   A. 聚餐
   B. 分餐
   C. 多餐

2. 大部分中国人怎么看分餐？（　　）
   A. 让人们的关系变远
   B. 很卫生
   C. 可以接受

3. 为什么吃火锅时中国人特别不愿意分餐？（　　）
   A. 没有意思，不热闹
   B. 没有时间
   C. 花钱太多

4. 中国人为什么喜欢聚餐？（　　）
   A. 每个人都可以吃到很多种东西
   B. 喜欢团圆
   C. 可以认识新朋友

2 根据课文内容选词填空

分享　热闹　品尝　距离　卫生　团圆　交流　地道　接受

1. 分餐吃饭虽然很__________，但是不太__________。中国人喜欢__________，所以不容易__________这种吃饭的方式。
2. 中国人喜欢聚餐，因为觉得聚餐吃饭让人和人之间没有__________，人们可以一边吃饭一边__________感情。

3 根据课文内容写出下列问题的答案

1. 为什么高档的中餐厅推行分餐制？

2. 李女士为什么希望推行分餐制？

4 根据课文内容，为左边的词语找到合适的解释（在词语前填上序号）

	A. 做（工作）
□ 高档(第5行)	B. 一天
□ 地道(第8行)	C. 吃得不卫生容易得病
□ 外宾(第9行)	D. 很干净
□ 从事(第12行)	E. 外国的客人
□ 病从口入(第14行)	F. 常常
□ 整天(第14行)	G. 饭菜味道正宗，非常好
□ 接受(第20行)	H. 同意某种方式
	I. 条件很好的，水平很高的

5 词语扩展，猜猜下列词语的意思，除了这些词，你还知道什么词，请写下来

1. ~餐：分餐、聚餐、快餐、套餐、自助餐

____

2. ~制：分餐制、AA制、全日制、一夫一妻制

____

6 用下列词语造句

地道：____________________

卫生：____________________

距离：____________________

适合：____________________

分享：____________________

交流：____________________

2 阅读训练（4）猜词义①

我们在阅读时经常会遇到自己不认识的词，这些词不仅影响我们对文章的理解，而且影响阅读时的心情。其实很多词语的大概意思我们是可以用各种办法猜出来的。

1. 词语的意思可以根据汉字的偏旁猜出来

偏旁是指“忄、扌、氵、讠、足、艹”等这些构成汉字的部分，从偏旁中我们常常能看出一个词的意思。

（1）宿舍的蟑螂特别多，非常讨厌。

从“虫”这个偏旁，我们可以猜出“蟑螂”可能是一种虫子，而且知道它是人们非常不喜欢的虫子。

（2）狼和狐狸都生活在森林里，都以捕食小动物为生。

我们不知道“狼”“狐狸”是什么，但知道它们都是动物，因为“狼”和“狐狸”中都有“犭”，所以它们应该是动物的名字。

看下面的这些词语，可能其中很多你都不认识，但是，我们都可以从它们的偏旁猜出大概的意思，你来猜猜看。

1. 癌症是人类最难治愈的疾病之一。
2. 他轻轻地推开门，走了进去。
3. 芙蓉一般 10~11 月开花，清晨时是乳白色或粉红色，傍晚变成深红色。
4. 这个问题引起了大家的热烈讨论。

3 写作

根据课文三的内容完成下列对话，请使用下面的词语

热闹 气氛 团圆 聚餐 距离 接受

：开学一个月了，咱们班同学还没有一起吃过饭，今天下课以后大家一起去好不好？

：________________

：中国人为什么那么爱吃火锅呢？

：________________

____

：可是那么多双筷子在一个锅里出来进去的，太不卫生了吧？

：没有问题，因为________________

____

：还是去吃日本料理（liàolǐ, cooked dishes）吧，每个人可以只吃自己盘子里的食物，比较干净。

：是比较干净，但是________________

____

：我觉得中国还是应该向西方学习，分餐吃饭。

：我觉得还是________________

你到一个地方，就应该像那个地方的人一样生活，这样你才能更好地了解他们的文化，这就叫"入乡随俗"（rù xiāng suí sú, When in Rome, do as the Romans do.）。

4 补充阅读

一 吃醋

如果你看到自己的男朋友或者丈夫跟一个漂亮女孩儿在一起，你心里会有什么感觉呢？很不好受吧。这种酸酸的感觉就叫“吃醋”。

这个词是怎么来的呢？以前，一位皇帝想把几名美女送给自己喜欢的大臣，可是皇帝知道大臣的妻子是个厉害的女人，那个大臣一定不敢要。于是皇帝让人拿了一壶“毒酒”送给那位大臣的妻子，对她说，如果你不让丈夫接受这几名美女，就把这壶毒酒喝下去。妻子一点儿也不害怕，接过“毒酒”一饮而尽，可是并没有死去。原来壶里装的是醋，皇帝只是想和她开个玩笑。皇帝看她那么爱自己的丈夫，也就不再提送美女的事情了。这就是“吃醋”的故事。

根据课文内容判断对错（对的画“√”，错的画“×”）

(　　) 1. 皇帝送给大臣的妻子一壶酒。

(　　) 2. 大臣害怕自己的妻子。

(　　) 3. 妻子把“毒酒”一下子都喝完了。

(　　) 4. 妻子知道壶里是醋，所以不害怕。

(　　) 5. 皇帝最后没有把美女送给那个大臣。

二 中国人和茶

中国人喝茶的习惯两千多年前就开始了。人们最早是把茶当药用，后来才当做饮料。

神农是中国传说中的一个神，为了给人们找到食物，他常常去品尝各种植物。有一次，神农吃了一种毒蘑菇，肚子很疼。这时旁边有一棵植物，闻起来很香，神农就吃了它的叶子，不一会儿，肚子就不疼了，感觉非常舒服。神农记住了这种叶子，给它起了个名字，叫“茶”。以后每当人们不小心吃进有毒的东西，马上吃点儿茶，毒就消失了。当然这只是一个传说，不过由此我们可以看出茶在中国人生活中的重要地位。

中国人特别喜欢喝茶，不论是饭后、休息或者招待客人，茶都是不可缺少的。在中国很多地方，结婚的时候，新娘一定要给长辈和亲友们敬茶。许多餐馆在上菜以前也要先给客人一壶茶水。

喝茶的好处很多，不但可以止渴、消除疲劳，还可以帮助消化。中国是一个传统的饮食大国，对吃十分讲究。而喝茶可去油腻，尤其是吃肉以后，喝杯茶可以帮助消化。喝茶还可以预防一些疾病，长期饮茶，对人的身体健康是很有好处的。

根据课文内容选择正确答案（答案可能不止一个）

1. 最早的时候，茶是一种：（　　）
   A. 药　B. 食物　C. 饮料　D. 植物

2. 中国人什么时候要喝茶？（　　）
   A. 吃蘑菇　B. 吃饭　C. 招待客人　D. 生病

3. 喝茶有哪些好处？（　　）
   A. 止渴　B. 帮助消化　C. 治肚子疼　D. 使身体健康

5 言语表达

课文

课前思考：1. 在中国旅游的时候，你能听懂各地的汉语方言吗？
2. 它们和我们学习的普通话有什么不同？

课文一 方言和普通话

来中国以前，我在大学里学过一年的汉语。可是当我高兴地来到北京后，却惊讶地发现自己怎么也听不懂身边的北京人讲的话。即使是最简单的事情，比如问路和到饭馆儿点菜，也无法与人交流。慢慢地我发现，北京人讲话时都带有很多儿化音。当我告诉出租车司机我要去什么地方时，说了半天，他还是听不懂。最后，我找到了一个好方法，就是在讲话时多带儿化音。这样，出租车司机一下子就听懂了我的话。

惊讶 jīngyà surprised, amazed

即使 jíshǐ even if

当然了，后来，我也发现北京话根本不是只加上儿化音那么简单的。现在，我在北京学习了一个多月了，却觉得北京话越来越难懂。当然，北京话还是非常标准的，非常接近中国的普通话。

在中国，书面语非常统一，在不同的地方，汉字的意思都相同，但读音却有很大的不同。很多学习汉语的人都知道，汉语有很多种方言，有些方言很难听懂。即使中国人去各地旅游，有时也很难和只讲方言的当地人进行交流。

去年，我回到美国后，发现自己还是听不懂在唐人街中餐馆里吃饭的人所讲的汉语，当时感到非常失望。很多在美国的中国人讲的是中国南方的方言，大部分是广东话，这是中国的第二大方言，广东、香港和澳门主要讲广东话。

中国的官方语言是普通话，从幼儿园到大学，所有的学校都用普通话上课。现在，由于学校的教育，还有电视广播的影响，大部分地方的人都会说普通话。

标准　biāozhǔn　standard
普通话　pǔtōnghuà　Mandarin Chinese
书面　shūmiàn　written
统一　tǒngyī　unified
方言　fāngyán　dialect
唐人街　tángrénjiē　Chinatown
香港　Xiānggǎng　Hong Kong
澳门　Àomén　Macao
官方　guānfāng　official
幼儿园　yòu'éryuán　kindergarten
教育　jiàoyù　education
广播　guǎngbō　broadcast

1 根据课文内容判断对错（对的画“√”，错的画“×”）

(　　) 1. 为了让出租车司机听懂我的话，我就在说话的时候多带儿化音。
(　　) 2. 外国人很难听懂中国各地的方言，但这对中国人来说没问题。
(　　) 3. 在美国唐人街里大部分中国人说的是北京话。
(　　) 4. 香港主要讲广东话。

2 根据课文内容选词填空

教育　幼儿园　意思　惊讶　书面语言　快
普通话　儿化音　官方　发音　电视广播

1. 北京人说话很______________，而且带有很多______________。
2. 中国的______________很统一，在不一样的地方，汉字的______________都一样，但______________不一样。
3. 中国的官方语言是______________。因为学校的______________和______________的影响，说普通话的人越来越多了。

3 根据课文内容选择正确答案

1. 第 11 行"我也发现北京话根本不是只加上儿化音那么简单的"，这句话的意思是：（　　）
   A. 北京话里的儿化音不那么简单
   B. 北京话里的儿化音很简单
   C. 北京话除了儿化音，还有别的特点

2. 第 14 行"北京话还是非常标准的，非常接近中国的普通话"，这句话的意思是：（　　）
   A. 北京话和普通话一样
   B. 北京话和普通话不太一样
   C. 北京话和普通话很像

3. 第 16 行"在中国，书面语言非常统一"，这句话的意思是：（　　）
   A. 中国人的普通话都说得很好
   B. 在中国不同的地方，书面语都一样
   C. 在中国，汉字的意思和读音都一样

4. 第 16 行"在不同的地方，汉字的意思都相同，但读音却有很大不同"的意思是：在不同的地方（　　）
   A. 汉字意思都一样，但读音不一样
   B. 汉字的意思和读音都不同
   C. 汉字和读音都有很大的不同

4 根据课文内容，为左边的词语找到合适的解释（在词语前填上序号）

	A. 地方的语言
□ 惊讶（第 2 行）	B. 不能
□ 无法（第 5 行）	C. 害怕
□ 与（第 5 行）	D. 书本上的语言
□ 普通话（第 15 行）	E. 和
□ 书面语（第 16 行）	F. 惊奇，吃惊
□ 方言（第 19 行）	G. 平常生活中说的口语
	H. 中国标准的语言

5 根据例句，使用指定的词语或句式完成句子

1. 多+V

我找到了一个好办法，就是在讲话时要多带儿化音。

今天是周末，不用去上课，可以____________________。

2. 大部分

很多在美国的中国人讲的是中国南方的方言，大部分是广东话。

图书馆里有很多学生，____________________。

3. 不是只……那么……

我也发现北京话根本不是只加上儿化音那么简单的。

喝醉了酒开车，____________________。（罚款）

6 用下列词语造句

惊讶：____________________

即使：____________________

标准：____________________

交流：____________________

课前思考：如果别人问你最近过得怎么样？你常常怎么回答？中国人一般是怎么回答的？

课文二 中国人使用的模糊词语

汉语中有一些模糊词语，比如“还行”“差不多”，等等。当你问中国人对一件事或一个人的看法时，得到的回答常常是“还行”。即使你继续问下去，他们也只是笑着说：“还行。”

“还行”这个词让外国人很难明白中国人真实的想法。当你耐心地问到底怎么样时，他们可能会回答得更明白一些，但很少使用“好、不好”这样直接的说法。汉语中，比“还行”更好一点儿的说法是“不错”，当他们认为真的“不错”时，才会说“挺好”。

关于“不好”的说法也是如此。比“还行”差一点儿的是“凑合”“差不多”或是“马马虎虎”，更糟的情况，就用“不太好”，但中国人很少用“不好”这样的话。

外国人与中国人做生意时，听到中国人说“好”，便认为没问题了。但如果后来事情发生变化，外国人就很生气，已经说好的事情，怎么又变了呢？一位在北京生活、做生意近十年的外国人认为，千万不要认为中国人说“好”就没问题了，尤其是在讨价还价时更是如此。中国人说“好”，有时候仅仅是说“是的，您的意思我明白了”，或者“是的，那下一步怎么办”。

模糊 móhu vague

耐心 nàixīn patient

到底 dàodǐ on earth

凑合 còuhe not too bad

马马虎虎 mǎmǎhūhū just so-so

糟 zāo awful

生意 shēngyi business

尤其 yóuqí especially

讨价还价 tǎo jià huán jià bargain

1 根据课文内容判断对错（对的画“√”，错的画“×”）

(　　) 1. 中国人说的“还行”是一个不太明确的回答。
(　　) 2. 中国人很少直接说“好”“不好”。
(　　) 3. 中国人回答问题一般都非常明确。
(　　) 4. 中国人说“好”，意思就是“没问题”。

2 根据课文内容排列顺序

A. 挺好　　B. 不太好　　C. 还行　　D. 凑合

不好 ————————————————→ 好

3 根据课文内容选词填空

模糊　生意　凑合　耐心　看法　真实　词语

在“我”看来，当中国人被问到对事情或人的______时，中国人喜欢用“还行”这样的______回答，但是对于这样的回答，外国人很难明白中国人______的想法。

4 根据课文内容，选择正确答案。

1. “关于‘不好’的说法也是如此”中“也是如此”的意思是：(　　)
   A. 也是这样
   B. 也特别没意思
   C. 也是很明白

2. “听到中国人说‘好’，便认为没问题了”中“便”的意思是：(　　)
   A. 方便　　B. 但是　　C. 就

3. “已经说好的事情，怎么又变了呢？”的意思是：(　　)
   A. 决定的事情不能改变
   B. 好的事情不要变
   C. 怎么改变事情比较好呢？

4. “一位在北京生活、做生意近十年的外国人认为”中“近十年”的意思是：（ ）

A. 最近十年　　B. 快十年了　　C. 十多年了

5. “中国人说‘好’，有时候仅仅是说‘是的，您的意思我明白了’”中“仅仅”的意思是：（ ）

A. 不仅　　B. 只　　C. 意思

5 根据课文内容，为左边的词语找到合适的解释（在词语前填上序号）

	A. 只
□ 耐心(第 7 行)	B. 买东西的时候商量价钱
□ 糟(第 15 行)	C. 特别是
□ 生意(第 17 行)	D. 就
□ 千万(第 21 行)	E. 不着急，不觉得麻烦
□ 尤其是(第 22 行)	F. 差，不好
□ 讨价还价(第 22 行)	G. 一定
	H. 买卖
	I. 这样

6 根据例句，用指定的词语或句式改写句子

1. 比……一点儿

比“还行”好一点儿的表达是“不错”。

比“还行”差一点儿的说法是“凑合”或“差不多”。

比“凑合”更糟的情况，人们用“不太好”。→

____

2. ……时，听到……，便认为……

外国人与中国人做生意时，听到中国人说“好”，便认为没问题了。

我刚学汉语时，听到老师说我发音“不错”，便认为是“不好”的意思。

我刚来中国的时候，如果有人问我“吃了吗”，我会觉得他要请我去吃饭。→

____

7 用下列词语造句

耐心：______

到底：______

马马虎虎：______

糟：______

尤其：______

讨价还价：______

课前思考：1. 在中国，你是怎么跟朋友们打招呼的？中国人常常怎么打招呼？
2. 在你们国家，人们怎么打招呼？ 跟中国有什么不一样的地方？

课文三 打招呼

中国人见面打招呼时，喜欢问"吃了吗""你去哪儿呀"西方人常常感到很奇怪。

一天中午，一个在中国学习的外国留学生有个约会。他刚从食堂走出来骑上自行车，一位中国朋友从旁边走过，问他："吃了吗？"美国留学生笑着点点头，挥挥手表示再见，就走了。他知道，这是中国人在吃饭前后打招呼时常说的话，一般不需要回答。这句话就等于英语中的 Hello 或 Hi，但不了解情况的外国人会以为，这种打招呼是在说："我也没有吃。走吧，我们一起去吃点儿东西吧。"或者"如果没有吃的话，我正要请你到我家去呢。"总之，这样打招呼有时会让外国人以为你要邀请他去吃饭。

有一次，一个刚到中国不久的外国留学生马克说："你们为什么老问我吃饭了没有？我有钱。"他以为人们总是问他"吃饭了吗"是怕他没钱吃饭。他对这种问法感到很生气。再比如，汉语中用"上哪儿去啊"和"到哪儿去了"这样的话来打招呼，大部分外国人听了会不高兴，他们很可能在想：这是我自己的事情，你管得着吗！

中国人不常用"你好"打招呼，尤其是在熟人之间。如果两个人很久没见面了，打完招呼人们总是习惯地再问一两个问题，比

打招呼 dǎ zhāohu say hello, greet
约会 yuēhuì date, appointment
点头 diǎntóu nod
挥手 huīshǒu wave one's hand
等于 děngyú equal to
总之 zǒngzhī in a word
邀请 yāoqǐng invite
管 guǎn care about, mind
熟人 shúrén acquaintance

如："一切都好吗？""最近怎么样？"，从这些话中你能看出人们之间的相互关心。人们也常常说："你正忙什么呢？"或更幽默点儿："你还活着呢？"

我很喜欢后面这句话。在瑞典，我们也会以这种开玩笑的方式打招呼。有时给一个很长时间没有联系的朋友发电子邮件，我也这样写："嗨，你在干什么呢？你还活着吗？"

一切　yíqiè　everything

幽默　yōumò　humorous

瑞典　Ruìdiǎn　Sweden

开玩笑　kāi wánxiào　joke

1 根据课文内容判断对错（对的画"√"，错的画"×"）

(　　) 1. 中国人吃饭前后打招呼常用"吃了吗"。

(　　) 2. 马克觉得中国人认为他没有钱吃饭。

(　　) 3. 中国人熟人见面常用"你好"来打招呼。

(　　) 4. 在瑞典，人们也常用"吃了吗"来打招呼。

2 根据课文内容选择词语填空

熟人　点头　回答　吃了吗　生气　总之　邀请　打招呼　你好　没有钱　幽默

1. 中国人见面的时候常常问____________，这句话是中国人在____________，不用____________。但是，外国人会以为这样问是要____________他去吃饭。
2. 马克听到别人问他"吃饭了吗？"，觉得很____________，因为他觉得别人认为他____________。
3. 中国人打招呼的时候很少说____________，特别是____________见面的时候。

3 根据课文内容选择正确答案

1. 第 9 行"这句话就等于英语中的 Hello 或 Hi"中"等于"的意思是：(　　)

A. 和……一样　　B. 是　　C. 等待

2. 第 16 行"你们为什么老问我吃饭了没有？"中"老"的意思是：(　　)

A. 年纪大　　B. 总是　　C. 喜欢

3. 第 18 行“怕他没钱吃饭”中“怕”的意思是：（　　）
   A. 害怕　　B. 觉得　　C. 担心

4. 第 22 行“你管得着吗”的意思是：（　　）
   A. 不用你管　　B. 你想管吗？　　C. 你管不了

5. 第 30 行“我们也会以这种开玩笑的方式打招呼”中“以”的意思是：（　　）
   A. 对　　B. 用　　C. 跟

4 根据课文内容，为左边的词语找到合适的解释（在词语前填上序号）

	A. 说好和谁在什么地方见面
□ 打招呼（第 1 行）	B. 大家坐在一起开会讨论问题
□ 约会（第 4 行）	C. 说话、做事时不是认真的，为了好玩儿
□ 以为（第 10 行）	D. 认识了很长时间、关系很好的人
□ 熟人（第 24 行）	E. 认为（但后面的想法是不对的）
□ 幽默（第 28 行）	F. 有意思
□ 开玩笑（第 31 行）	G. 不说话的
	H. 见面的时候问好

5 根据例句，用指定的词语或句式完成句子

1. 如果……的话
   如果见到熟人的话，中国人不用“你好”来打招呼。
   ______________________，我会问他：“最近怎么样？忙什么呢？”

2. 尤其……之间
   中国人不常用“你好”打招呼，尤其是熟人之间。
   你没有必要这么客气，______________________。

3. 以……的方式
   在瑞典，我们也会以这种开玩笑的方式打招呼。
   我觉得______________________上课比较有意思。

6 用下列词语造句

打招呼：______________________________

约会：______________________________

一切：______________________________

幽默：______________________________

开玩笑：______________________________

7 改正下面短文中不对的地方，并把正确的句子写出来

我以前学过一年的汉语了，可来到中国以后，我还是听不懂中国人的说。听到有人问我“吃了吗？”，便我认为他要请我去吃饭。中国人还爱用模糊词语，常听到的有“还行”还是“差不多”。

____

____

____

____

2 阅读训练（5）猜词义②

2. 词语的意思可以根据其中的汉字猜出来

我们在综合课中已经学了不少词语，这些词语也能帮助我们猜测新词语的词义。汉语中的大部分汉字都有自己的意义，因此，如果你看到一个新词语中的某个字你学过，那这个词的意思一般和这个字的意思有关系。

比如，我们学过“衣服”，那么我们在遇到新词“戏服、西服、工作服”时，就能猜出它们都是某种“衣服”。

我们还学过“餐厅”，那么我们就可以根据它基本猜出“餐馆、中餐、西餐、快餐”的意思。

试着猜猜下面这些新词的意思：

邮费　房款　网吧　离婚　喜爱　家人

3. 在汉语中有不少词语是用来详细解释、说明的

当作者要解释某个词语，或者对某句话作进一步解释时，往往使用这些词语。看到这些词语，我们就知道后面的内容是解释前面内容的，所以当我们遇到生词的时候，可以从后面的解释知道词语的意思。

比如：

（1）即：“公费生”，即学费由自己国家或中国政府提供的学生。

（2）指：拇指族是指那些常常发短信的年轻人。

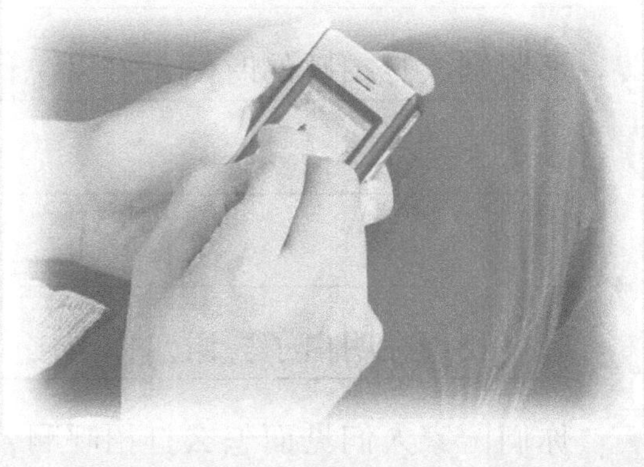

3 写作

根据课文三的内容完成下列对话，请使用下面的词语

打招呼　回答　点头　挥手　熟人　等于　关心

：有一个问题我不明白，中国人为什么老问我吃饭了没有？你们是不是怕我没钱吃饭？

：______________________________

____

：原来是这样啊，我以为他们要邀请我一起去吃饭呢。那他们这样跟我打招呼的时候，我应该怎么做呢？

：______________________________

____

：我们在课本上学的是“你好”，可是我发现我的中国朋友们很少这样打招呼。

：______________________________

____

：那跟别人打招呼的时候还可以说什么呢？

：______________________________

____

：哦，我现在明白了，谢谢你。

：你们国家人们见面怎么打招呼啊？和中国人一样吗？

：______________________________

____

4 补充阅读

一 中国人的称呼

1. 职务性称呼。称呼对方的职务，这是一种在工作中最常见的称呼。

只称职务。如："经理"。

职务前加上姓。如："毛主席""张经理""王校长"。

职务前加上姓名，这只用于非常正式的场合。如："毛泽东主席""张东经理"。

2. 职称性称呼。对于具有中高级职称者，在工作中称呼对方的职称。

仅称职称。如："教授"。

在职称前加上姓。如："李教授"。

在职称前加上姓名，这也只用于非常正式的场合。如："李安教授"。

3. 行业性称呼。

在工作中，有时可按行业进行称呼。如："老师""医生""律师"等。也可以在前面加上姓或姓名称为："张律师""王大夫""李安老师"。

4. 性别性称呼。

对于从事商业、服务业的人，一般按性别的不同称呼"小姐""女士"或"先生"。未婚女性称"小姐"，已婚女性或不知道婚否者称"女士"。也可以在前面加上姓或姓名。

5. 姓名性称呼。称呼姓名，一般只在同事、熟人之间。

可以直接称呼姓名。如："张东""杨静文"。

只呼其姓，要在姓前加上"老、小"等。如："小张""老王"。

只称其名，不呼其姓，通常在亲戚、朋友、同学之间。如："大成""静文"。

6. 亲属性称呼。汉语中的亲属称呼也常用于非亲属之间。

年轻人对长辈称"爷爷""奶奶""叔叔""阿姨"；对平辈称"大哥""大姐"。也可以在前面加上姓或姓名，如："张爷爷""王阿姨"。

根据课文，下面的人应该怎样称呼？

1. 李文，大学的老师，教授__________
2. 张华，学校医院的大夫__________
3. 孙东华，你的好朋友__________

4. 王琳，你的中国朋友的妈妈____________

5. 路上一位年龄和你差不多的男性____________

6. 李华，未婚女性，银行职员____________

7. 王伟，你们公司的职员，年龄比你小____________

二 打招呼的新变化

老百姓打招呼并不是“你好”这么简单。中国人的问候语往往是一面镜子，从中可以看出社会生活的变化。

时下最新的打招呼用语是：“最近去哪儿旅游了？”如今越来越多的中国人生活富裕了，每年都会安排一两个地方去旅游。许多人借助春节、十一国庆节等假期走出国门，看看外面的世界。

上世纪 80 年代初期的打招呼，中国人往往见面就问：“吃了没有？”并不是中国人爱吃，而是在中国物质短缺时代，人们的生活也十分单调，一日三餐成了老百姓的热门话题。

到了上世纪 80 年代中期，改革开放的春风已经使中国经济得到迅速发展，物质生活越来越丰富，很多人家都买了电视，人们见面常问：“今天看什么节目了？”

到上世纪 90 年代中期，熟人见面时的第一句话常常是：“搬家了吗？”那时候，中国各地开始住房改革，很多人住进了新房。

到了 21 世纪，老百姓打招呼的方式也变得多种多样，长时间没见的朋友总是喜欢问：“最近在哪儿发财？”市场经济的发展使人们手里的钱越来越多。由于英语的不断普及，年轻人见面一声“HELLO”已司空见惯。

根据课文完成下面的表格，说说中国人打招呼方式的变化及其原因

时　间	打招呼的方式	原　因
20 世纪 80 年代初期		
20 世纪 80 年代中期		
20 世纪 90 年代中期		
21 世纪		

6 老年生活

课文

课前思考：在你们国家，老人不工作以后一般会做些什么？

课文一 老年时尚

现在越来越多的老年人在退休后开始了一种时尚的新生活。

跳舞。每天早晚，公园、街边、广场上，到处都可以看见跳舞的人们，其中有很多老年人。一位姓张的老人说，他年轻时就特别喜欢跳舞。前年，他退休了，就每天晚上来到广场上和老年朋友们跳舞。

旅游。老年人退休后有了很多时间，工作了几十年也攒了一些钱，不少老人开始去旅游。一位姓李的老人说："年轻的时候，工作忙，还要照顾家庭，想要到处走走看看可是没时间，也没有钱。现在退休了，孩子们

退休 tuìxiū retire

时尚 shíshàng fashion, vogue

广场 guǎngchǎng square

攒 zǎn save

也都长大工作了，又有钱又有时间，想去哪儿就能去哪儿。”大部分老人都是参加旅行团去旅游，也有一些老人自己背包旅游。北京的一位王老先生退休以后就开始背包旅游，如今已经 77 岁的他，一直坚持着 22 年来的习惯：一年旅游两次，一次 20 天。

上网。方老师刚刚退休的时候，觉得非常累，想好好休息一下，可没在家里坐多久，她就觉得生活很没有意思。在一个朋友的介绍下，她开始上网。方老师说，以前的生活一直就是在家里和学校里，如果没有网络，她也许就和大部分的退休老人一样，生活只是儿女、儿女的儿女，而网络让她的生活变得丰富起来。在一个叫“老小孩”的网站，方老师认识了一个网友，和她年龄、爱好都差不多，网友教她用 photoshop、学做 flash，她教网友英语。目前上海约有25 万老年“网虫”，他们上网玩儿游戏、看新闻、发电子邮件，并通过网络成了朋友。

旅行团 lǚxíngtuán tour group
背 bēi carry on the back
网络 wǎngluò network
网虫 wǎngchóng net surfer
游戏 yóuxì game

1 根据课文内容填空

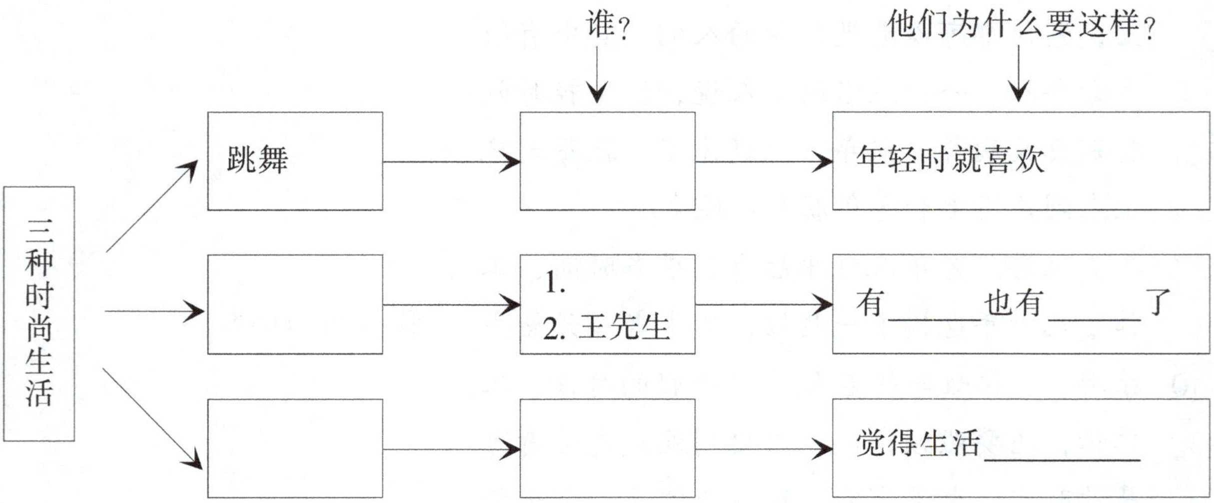

2 根据课文内容选择正确答案

1. “她也许就和大部分的退休老人一样，生活只是儿女、儿女的儿女。”的意思是：大部分退休老人（　　）
   A. 需要儿女照顾
   B. 主要的生活是照顾儿女和他们儿女的生活
   C. 生活中必须有儿女

2. 关于王老先生，下面正确的说法是：（　　）
   A. 喜欢参加旅行团的旅游活动
   B. 背包旅行已经 22 年了
   C. 每年旅行 20 天

3. 关于方老师，下面正确的有：（　　　　）
   A. 退休以前是一名教师
   B. 网络让她的生活丰富了
   C. 有个年龄比她大很多的网友
   D. 网友教她英语
   E. 特别喜欢旅游

3 根据课文内容写出问题的答案

1. 课文中说老人上网一般做什么？

2. 为什么很多老人在退休以后才开始去旅游？

3. 你觉得那个网站为什么叫“老小孩”？“老小孩”是什么意思？

4 根据课文内容，为左边的词语找到合适的解释（在词语前填上序号）

	A. 许多的
□ 退休(第1行)	B. 新的，流行的
□ 时尚(第2行)	C. 十分关心，对他很好，为他做很多事情
□ 广场(第3行)	D. 花很多时间上网的人
□ 照顾(第11行)	E. 现在
□ 也许(第24行)	F. 眼睛的前面
□ 目前(第29行)	G. 可能
□ 网虫(第30行)	H. 很大的一片地方，人们常常在这里休息、玩儿
□ 新闻(第30行)	I. 最近发生的事情，在电视和报纸上可以看到
	J. 不用工作了，一般是在60岁以后

5 根据例句改写句子回答问题（用上括号内的词语）

例：网络是一个好东西，上面找得到我想找的所有东西。（什么）
网络是一个好东西，我想找什么上面就有什么。

1. A：放假的时候你打算去哪儿旅游？
B：去风景漂亮的地方旅游。（哪儿）

____

2. A：如果你可以再学习一门语言，你打算学什么语言呢？
B：学一门容易的语言。（什么）

____

3. A：你说我们是参加旅行团去旅游好呢，还是自己一个人去旅游好呢？
B：我们应该选择便宜的那种。（怎么）

____

4. A：老师一般喜欢班里什么样的学生？
B：老师喜欢学习努力的学生。（谁）

____

6 用下列词语造句

退休：______________________________

时尚：______________________________

网络：______________________________

游戏：______________________________

攒：______________________________

课前思考：1. 看下面的照片，在你们国家，人们结婚前会去拍这样的照片吗？
2. 有老年人也去拍这样的照片吗？

课文二 老年人拍婚纱照

今天是张汉明和妻子结婚40年的纪念日，本来打算去照相馆拍张普通的双人照，但在照相馆看到有的老人正在化妆，特别是看到别的老人的婚纱照后，张汉明马上决定和妻子拍一套过去一直想拍，但又不好意思拍的婚纱照。当他看到自己和老伴化妆后年轻了不少时，感觉就好像又回到了当年结婚的时候。看到拍好的照片，张汉明高兴地说："真好，真好！我们结婚的时候没有钱，连一张黑白照片都没有，现在就没有遗憾了。"

照相馆的人介绍说，现在来拍婚纱照的老年人越来越多，每个月都有好几对儿。老年人拍的婚纱照和年轻人不一样，年轻人喜欢时尚的婚纱照，穿白色的婚纱和西服，而他们更喜欢古典的婚纱照，穿中国的传统服装，如旗袍、唐装。

纪念日 jìniànrì commemoration day
化妆 huà zhuāng make up
遗憾 yíhàn regret, pity
西服 xīfú Western suit
古典 gǔdiǎn classical
传统 chuántǒng traditional

随着中国人口的老龄化，老龄人口迅速增长，与老人生活有关的各种商业也发展起来了，比如前面说到的老年婚纱摄影，还有老年人服装店、老年人保健品店。当然还有养老院，因为年轻人现在工作很忙，很少有时间照顾老人，老人在养老院里可以得到很好的照顾，而且在那里老人更容易找到同龄的老年朋友。

保健品 bǎojiànpǐn tonic

养老院 yǎnglǎoyuàn nursing home for the elderly

1 根据课文内容判断对错（对的画“√”，错的画“×”）

(　　) 1. 张汉明和妻子在结婚纪念日那天去拍照纪念。

(　　) 2. 张汉明和妻子当初结婚的时候只拍了一张黑白照片。

(　　) 3. 现在拍婚纱照的老年人越来越多了。

(　　) 4. 与年轻人相比，老年人更喜欢时尚点的婚纱照。

(　　) 5. 在中国，和老年人生活相关的商业逐渐发展起来了。

2 根据课文内容选词填空

照相馆　纪念日　双人照　老伴　化妆　婚纱

时尚　古典　唐装　西服　旗袍　遗憾

1. 在结婚________那天，张汉明和________去________拍了一套婚纱照。
2. ________后，他们看起来年轻了不少。
3. 老年人常常拍________的婚纱照，喜欢穿________和________，而年轻人喜欢________的婚纱照，女士穿________，男士穿________。

3 根据课文内容写出下列问题的答案

1. 张汉明和妻子年轻时有什么遗憾？

2. 他们为什么会有这样的遗憾？

3. 张汉明和妻子一直想拍婚纱照，但是为什么没有拍？

4 根据课文内容，为左边的词语找到合适的解释（在词语前填上序号）

	A. 用东西使人好看
□ 纪念日(第1行)	B. 装饰房子
□ 双人照(第2行)	C. 穿着结婚的衣服照的相
□ 化妆(第3行)	D. 想做但没有做的事情
□ 婚纱照(第4行)	E. 两个人的照片
□ 遗憾(第10行)	F. 新潮的，流行的
□ 时尚(第15行)	G. 两张照片
	H. 一个特别的日子

5 词语扩展，猜猜下列词语的意思，除了这些词，你还知道什么词，请写下来

1. ~照：婚纱照、双人照、单人照、毕业照

____

2. ~装：服装、唐装、西装、正装

____

6 用下列词语造句

纪念日：______________________________

化妆：______________________________

遗憾：______________________________

西服：______________________________

传统：______________________________

课前思考：1. 在你们国家，上大学有年龄的限制吗？最大是多少岁？
2. 请你想一想，70多岁的人上大学会遇到什么问题？

课文三 老大学生

从2001年开始，年龄超过25岁的人也可以参加中国的高考了。75岁的老人汪杨成了那一年最老的考生，但他没有考上。第二年，他成功了。

汪杨的班上一共有35名同学。刚来时，班上同学都叫他“汪爷爷”，这让他感到很不好意思。汪老笑着说：“这也不奇怪，我们年纪都差50多岁，当然叫我爷爷了！”

汪老平时早上5点钟就起床，背一会儿单词，读一下课文，然后7:30左右来到学校，开始准备一天的课程。“因为以前从来没学过英语，所以我特别努力。不过，第一学期的英语也只考了15分。”但三年下来，汪老的英语已经好多了，“现在看一些专业英文杂志，已经差不多了。”

汪老说，老师和同学们都很照顾自己。“知道我耳朵不是特别好，学校教室又比较大，所以每次上课时老师和同学们都会留一个靠前的座位给我。”汪老高兴地说，大学课程一共50多门，目前他已经顺利通过40门了。

周末，汪老经常和同学们一起出去玩儿。一次他和同学们去爬山，路上遇到一个人，那个人惊讶地说：“你们这些大学生还真孝顺，出来玩儿还带着爷爷！”汪老和同

超过 chāoguò exceed

成功 chénggōng succeed

背 bèi recite

专业 zhuānyè special field of study, specialty

顺利 shùnlì successfully

孝顺 xiàoshùn show filial piety

学们听了以后哈哈大笑!

谈到今后的打算，汪老说:“等明年毕业了，我想回自己原来工作过的医院，免费给人看病。反正我有退休工资，自己的生活没问题。”

在现在的社会里，像汪老这样的老人越来越多了，他们在退休生活中自由地去做自己喜欢的事情，实现一直以来因为工作太忙而无法实现的梦想，有的老人开始学习书法、画画儿、乐器，还有的老人上了老年大学，在那里学习专业知识。对于这些老人来说，退休其实是一种新生活的开始。

免费　miǎnfèi　free of charge
反正　fǎnzhèng　anyway
工资　gōngzī　salary

注　释：年龄很大的老人，可以用“姓+老”来称呼，如“王老”“李老”和课文中的“汪老”。
猜一猜：是“老汪”年纪大还是“汪老”年纪大？

1 根据课文内容判断对错（对的画“√”，错的画“×”）

(　　) 1. 在中国，2001 年以前，只有 25 岁以下的人才能考大学。
(　　) 2. 汪杨 75 岁时考上了大学。
(　　) 3. 现在汪杨看专业英文杂志仍然觉得非常难。
(　　) 4. 汪杨现在上大学二年级。
(　　) 5. 汪老退休以前是医生。
(　　) 6. 很多老人退休后开始了一种新的生活。

2 根据课文内容填空

汪杨老人是 2001 年参加____________最老的学生，由于他年龄大，班里的学生都叫他____________，汪老学习很努力，刚开始英语不太好，但通过努力学习，他现在差不多可以看懂____________了。汪老的____________不太好，因此，同学们上课时都专门给他留一个靠前的____________。

3 根据课文内容写出下列问题的答案

1. 什么是"高考"？

2. 刚上大学的时候，汪杨因为什么事感到不好意思？

3. 汪杨每天早上起床以后做什么？

4. 汪杨在学习上和生活上有什么困难？他是怎么办的？

5. 汪杨退休以后，有什么打算？

4 根据课文内容，为左边的词语找到合适的解释（在词语前填上序号）

	A. 一般的、平常的时候
□ 超过(第 1 行)	B. 不看书就可以说出来
□ 平时(第 9 行)	C. 带着
□ 背(第 9 行)	D. 比……多
□ 惊讶(第 24 行)	E. 不要钱
□ 孝顺(第 25 行)	F. 从一个地方过去
□ 免费(第 28 行)	G. 吃惊，觉得很奇怪
□ 工资(第 29 行)	H. 工作以后得到的钱
	I. 照顾父母或者老人，对他们很好

5 用下列词语造句

超过：____________________

成功：____________________

顺利：____________________

免费：____________________

平时：____________________

2 阅读训练（6）预测文意

我们在阅读的时候，课文中的很多词语可以帮助我们预测后面要说什么内容，如果我们了解了这些词语，就能根据已读的内容，很快地对接下来的内容进行预测，帮助我们更快更好地理解课文的意思。

1. 书面语中常常用到很多关联词，这些关联词可以让我们知道后面将要出现的内容。

比如：

因为……，所以……

看到"因为"，我们可以知道后面的内容要说这个原因造成的结果。

虽然……，但是……

看到"虽然"，我们可以知道后面的内容要说相反或相对的话。

像这样的关联词还有很多，我们都可以利用它们猜后面的内容。说说下面的关联词能让你猜到什么？

1）我之所以没有来上课，……

2）尽管她每个月工资不少，……

3）如果没有网络，……

2. 有些词语具有转折作用，看到它们，我们就知道后面的内容很可能和当前的句子意思相反或相对。

比如：

1）本来：我本来打算来中国学一年汉语，但后来我决定多学一年。

2）A是A：这个公司的条件好是好，就是工资太少了。

3）以为：我以为中国人很谦虚，没想到中国人一点儿也不谦虚。

3.书面语中还常常出现有列举作用的词语，它们常常用来表达作者的多个观点，看到它们，我们知道后面的内容一般都是并列的内容。

比如：

第一，第二，第三

首先，其次，最后

甲，乙，丙，丁

3 写作

假设你是汪杨的老伴儿，写一写他的故事。（他为什么要考大学？"我"对他考大学怎么看？他平时怎样学习？"我"对于老年人上大学怎么看？）

我是汪杨的老伴儿，我们结婚已经快50年了。

自从考上大学以后，他学习非常努力，每天

没想到，经过这几年的学习，他的进步非常大，现在竟然

对于老年人上大学，我觉得

4 补充阅读

一 "空巢综合征"

由于空巢老人家庭不断增多，老年人的健康保障、人身安全、生活照料、精神心理等方面的问题也接连出现。特别是有些老人，一跨进60岁，人生也面临重大转变，不用工作了，日子也平淡多了；昔日诸多的社交活动，日益减少甚至终止，生活空间突然变得狭窄；子女远离了身边，想见一见，想被照料，往往都难以如愿。这样，老人的心态不免起伏波动，心理也发生了变化，容易产生失落感、孤独感、不安全感，这些都是"老年空巢综合征"的症状。

衰老感。认为自己年老体衰，不中用，从而出现消极情绪。老年人对衰老过程缺乏精神准备时还会产生空虚感。

失落感。离退休在家，突然与工作断绝，原有社会角色丧失，觉得自己在社会上变得无足轻重，可有可无，产生不适应和失落感，有时会有被抛弃的感觉。

孤独感。随着子女成人离家，家庭结构发生了变化。单独居住的老人既渴望亲情团聚，又担心妨碍和影响子女正常的工作和生活。长期处于矛盾复杂的情感体验中，会感到寂寞和无依无靠。配偶去世后，孤独感将更加明显。

不安全感。到了老年，身体各个系统和器官都开始衰退，经常发生各种疾病，所以老年人对自己的身体功能很敏感，对自己的健康普遍担心。特别是空巢老人，一旦患病，不但在生活保障和医疗保障方面产生担忧，在护理上更感到无助。

抑郁症。有些老人因为心情郁闷，对生活兴趣淡漠，对晚年生活缺少自信和激情，尤其是一些独居老人、年轻时对家庭依赖性强的老人易患抑郁症。

根据课文内容回答问题

1. 什么是"空巢综合征"？

2. 老年人为什么会有孤独感？

3. 老年人的抑郁症有哪些表现？

二 中国的老年人

大多数中国老年人仍旧坚持他们简单而传统的生活方式，他们愿意在家做饭，在公园里品茶聊天，而不去咖啡厅或唱卡拉 OK。这种传统的生活方式帮助年轻人降低了生活费用，否则这些钱将花到保姆身上，花到饭馆儿和汽车修理厂等地方，如果那样，年轻人将难以支付教育、休闲甚至旅游的费用。

中国的老年人也喜欢出去参加社会活动，而不是一直待在家里或生活在养老院。最让我吃惊的一件事是看到那么多老年人在公园里做操、打太极拳或散步，努力保持健康的身体。这不仅让他们充满快乐和活力，也帮助社会节约了大量资金。

另外，中国的老年人保存了中国的文化。虽然从上个世纪九十年代以来，中国的变化很大，但他们仍然像往常一样唱歌、跳舞、下棋、聊天，要是没有他们，如果你想了解中国的传统文化，也许得去剧院或观看旅游表演。

从一名外国人的角度来看，正是这些老年人向我展示了中国的美与丰富。我担心一旦这些老年人不在了，一旦他们的传统消失了，中国将变得与世界上其他现代化国家一样。幸运的是，中国仍然很好地保持着尊重老年人的传统。

根据课文内容判断对错（对的画“√”，错的画“×”）

（　　）1. 因为想法不时尚，中国的老年人仍旧过着简单而传统的生活。

（　　）2. 中国老人简单的生活方式帮助年轻人减少了生活的费用。

（　　）3. 中国的老人很爱锻炼身体。

（　　）4. 上个世纪 90 年代，中国的变化很大，这改变了老年人的生活。

（　　）5. 外国人可以从中国的老人那里了解到中国的文化。

7 网络人生

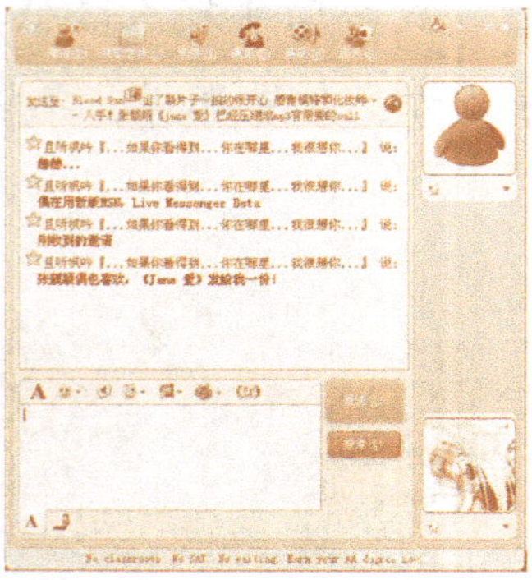

I 课文

课前思考：说说你常常上网做什么？

A 看新闻　B 听音乐　C 看电影　D 买东西

E 聊天　F 收发电子邮件　G 玩游戏

课文一　中国人的网络生活

在中国，常常上网的是什么样的人呢？据调查，通常是年轻男性，他们常用 MSN 或 QQ 等聊天工具聊天，喜欢上新闻、音乐和游戏网站，但很少在网上买东西。

有三分之二的网民使用因特网来浏览新闻，特别是娱乐新闻，或用因特网玩儿网络游戏。有一半的网民用网络下载音乐和电影。更重要的是，人们可以通过因特网和那些工作、爱好一样的人联系。

据　jù　on the grounds of, according to

调查　diàochá　investigation

因特网　Yīntèwǎng　Internet

浏览　liúlǎn　browse

娱乐　yúlè　entertainment

下载　xiàzài　download

网上购物在中国还不太流行。接受调查的人中有四分之三的人从来不在网上购物。那么多人不在网上购物的主要原因是担心被骗，很多网购的网民都有过付款后没有得到货物的经历，还有人虽然收到了货物，但是货物的质量与网站上说的有出入，想要退货，但很麻烦。在那些进行网上购物的人中，大多数人购买DVD、书、电脑硬件或者软件。

据调查，截至2007年12月，中国网民数达到2.1亿，仅次于美国的2.12亿，居世界第二位。但是，根据调查，半年内中国网民总数增加了5000余万，而美国两年仅增长了825万。因此，有专家预计，按照中国互联网当前的增长速度，中国网民数将很快超过美国，中国将成为世界上第一大互联网国家。

货物 huòwù goods

硬件 yìngjiàn hardware

软件 ruǎnjiàn software

亿 yì a hundred million

1 根据课文内容判断对错（对的画“√”，错的画“×”）

(　　) 1. 在上网的人中，男性比女性多。

(　　) 2. 有50%的网民用网络下载音乐和电影。

(　　) 3. 大部分人不在网上买东西。

(　　) 4. 中国网民数量增长很快。

(　　) 5. 2007年底，中国上网人数已经居世界第一位。

2 根据课文内容写出下列问题的答案

1. 中国网络用户喜欢上哪几种网站？

　a) ____________　b) ____________　c) ____________

2. 课文中谈到中国人上网做哪些事情？

　a) ______________________________

　b) ______________________________

c) ________________________

d) ________________________

e) ________________________

3. 很多人不在网上购物的原因是什么？

____

3 根据课文内容选择正确答案

1. 第 14 行“但是货物的质量与网站上说的有出入”的意思是：货物的质量和网站上说的（　　）

   A. 很有意思

   B. 不一样

   C. 已经卖出去了

2. 第 20 行“仅次于美国的 2.12 亿”的意思是：（　　）

   A. 只是比美国的 2.12 亿少

   B. 不仅比美国的 2.12 亿少

   C. 只是比美国差

3. 第 21 行“半年内中国网民总数增加了 5000 余万”的意思是：中国网民总数（　　）

   A. 半年里增加了 5000 万

   B. 增加了一半多

   C. 半年里增加了 5000 多万

4. 第 24 行“按照中国互联网当前的增长速度，中国网民数将很快超过美国”的意思是：中国网民数量（　　）

   A. 一定会超过美国

   B. 有可能比美国多

   C. 特别想要超过美国

4 根据课文内容，为左边的词语找到合适的解释（在词语前填上序号）

	A. 买东西
□ 通常（第 2 行）	B. 100,000,000
□ 网民（第 5 行）	C. 根据情况猜测
□ 浏览（第 5 行）	D. 上网的人
□ 娱乐（第 6 行）	E. 一般，多见的
□ 下载（第 7 行）	F. 经常，常常
□ 购物（第 10 行）	G. 大概地看
□ 亿（第 20 行）	H. 把网络上的音乐、软件等放到自己的电脑里
□ 预计（第 23 行）	I. 快乐有趣的活动；让人快乐
	J. 喜欢看网络电影的人

5 用下列词语造句

通常：________________________________

浏览：________________________________

下载：________________________________

仅次于：________________________________

中国著名网站：

综合网站	音乐网站	购物网站
新浪 www.sina.com.cn	好听 www.haoting.com	易趣 www.eachnet.com
搜狐 www.sohu.com.cn	365 www.yue365.com	卓越 www.joyo.com
网易 www.163.com	一听 www.1ting.com	淘宝 www.taobao.com

课前思考：看下面的图片，你知道它们是什么吗？

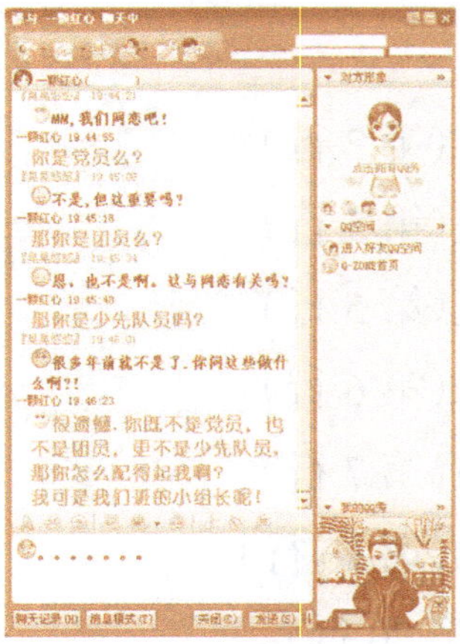

课文二　QQ 生活

年轻人喜爱网络，不仅因为可以方便地得到各种信息，可以经常和家人、朋友联系，还因为生活和工作上的压力，在网络世界里可以得到很好的释放。于是，网络游戏火了，BBS、QQ、MSN 也成了最常用的网络交友聊天的工具。

说到中国的网络聊天工具，就不能不说 QQ。1999 年 2 月，中国最早一批“网民”中的马化腾等人开发了中文网络聊天工具 OICQ，之后改名为 QQ。从此，QQ 一路走红，成为中国最流行的网络聊天工具。2005 年 2 月，QQ 的同时在线人数首次突破了 1000 万。自 2000 年 5 月 QQ 的在线人数突破 10 万以来，仅用了 4 年时间就达到了 100 倍的增长。如今，QQ 逐渐成为网民（尤其是年轻网民）娱乐、休闲、交友的主要方式，QQ 逐渐变成了一种流行时尚和网络文化。

李小姐每天上班第一件事就是打开电脑上 QQ。在她的好友中除了大学同学外，就

信息　xìnxī　information
压力　yālì　pressure
释放　shìfàng　release
工具　gōngjù　instrument
开发　kāifā　develop
在线　zàixiàn　online
时尚　shíshàng　fashion

是楼上楼下的各位同事。每天她都会通过 QQ 约上三五好友一起吃饭、逛街、泡吧。她通过 QQ 发出的很多笑话，也会给办公室里带来一片笑声。但下了 QQ 后，李小姐看起来总是很沉默，没有精神，因为她已习惯了通过键盘交流的日子。

据调查，大多数上班族都有李小姐的这种问题，即特别依赖“网聊”，下线以后，却渐渐不会“话聊”了。心理学家指出，经常用网络与人交流，没有眼神、动作，这不是真正的人际交往，只是思维和键盘的交流。这种交流很难让人感受到人与人之间的真切情感，这对自己的心理调节和人际交往会产生不良影响。

沉默 chénmò silent
精神 jīngshen spirit
键盘 jiànpán keyboard
依赖 yīlài rely on, depend on
心理学家 xīnlǐ xuéjiā psychologist
人际交往 rénjì jiāowǎng personal communication
思维 sīwéi thought
调节 tiáojié adjustment

1 根据课文内容判断对错（对的画“√”，错的画“×”）

（　　）1. QQ 原来的名字是 OICQ。
（　　）2. QQ 在中国发展得很快。
（　　）3. 李小姐的 QQ 好友中都是同事。
（　　）4. 网聊和真正的人际交往不一样。
（　　）5. 太多的网聊会给人带来不良影响。

2 根据课文内容选词填空

沉默　同学　上班族　工具　同事　人际交往
压力　思维　联系　精神　信息　心理调节

1. 年轻人喜爱网络，一是因为能很方便地得到__________，二是因为可以经常跟家人、朋友__________，三是因为可以释放__________。
2. 李小姐的 QQ 好友中有__________，还有__________。她常常用 QQ 和朋友们联系，在 QQ 上很活跃，但是下了 QQ 以后，李小姐总是很__________，没有__________，很多__________都有同样的问题。专家认为，“网聊”对人的__________和__________会有不好的影响。

3 根据课文内容选择正确答案

1. 第 4 行“网络游戏火了”的意思是：（　　）
   A. 网络游戏着火了
   B. 网络游戏很热情
   C. 网络游戏很流行

2. 第 10 行“QQ 一路走红”的意思是：（　　）
   A. QQ 一直很流行
   B. QQ 一路上很多
   C. QQ 的颜色变成了红色

3. 第 20 行“每天她都会通过 QQ 约上三五好友”的意思是：（　　）
   A. 她 QQ 上大约有三五个好友
   B. 她 QQ 上大约有八个好友
   C. 她在 QQ 上和几个好友约好

4. 第 21 行“一起吃饭、逛街、泡吧”中“泡吧”的意思是：（　　）
   A. 聊天　　B. 跳舞　　C. 在酒吧里玩

5. 第 22 行“她通过 QQ 发出的很多笑话，也会给办公室里带来一片笑声”。根据这句话，我们知道：（　　）
   A. 她很喜欢说笑话
   B. 办公室里有很多有意思的事
   C. 同事们被她发的笑话逗笑了

6. 第 24 行“她已习惯了通过键盘交流的日子”中“日子”的意思是：（　　）
   A. 习惯　　B. 爱好　　C. 生活

4 根据课文内容，为左边的词语找到合适的解释（在词语前填上序号）

	A. 第一次
□ 信息（第2行）	B. 以后
□ 之后（第10行）	C. 现在
□ 首次（第12行）	D. 如果
□ 如今（第15行）	E. 各种消息、知识
□ 逐渐（第18行）	F. 不好的
□ 沉默（第24行）	G. 不说话
□ 不良（第33行）	H. 很多次
	I. 慢慢地

5 小作文

你觉得网络是让人们的关系更近了，还是更远了？请用下面的词语或句式写一段小短文，最少用五个。

(1) 和……联系　(2) 不仅……还……　(3) 每……都……

(4) 比如说　(5) 除了……以外　(6) 一……就……

(7) 一是因为……，二是因为……，三是因为……

(8) 哪儿……哪儿……

课前思考：你有网友吗？你和网友见过面吗？你相信网上的爱情吗？

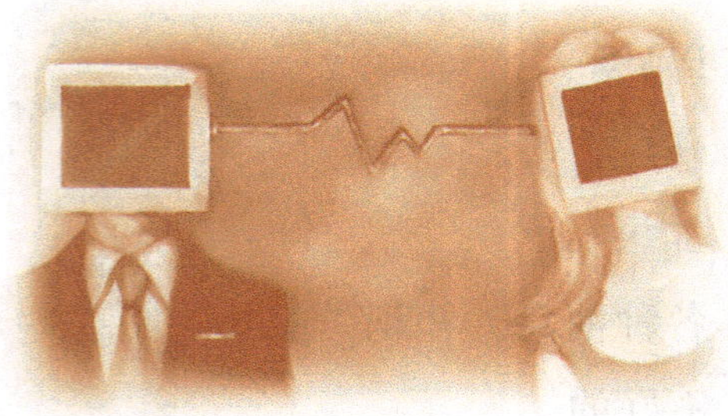

课文三 网恋

网络让中国人对爱情的看法有了变化。对年轻人来说，网络是一个能让他们互相倾诉感情的地方。蒋芬是一个18岁的女孩儿，她正在网吧与一个网友聊天。两人的电脑上都有摄像头，能互相看见对方。“我很相信他，愿意把我的想法都告诉他。”蒋芬说。尽管他们在网上已认识6个月了，但还没见过面。她红着脸说：“如果见了面，我不知道该说些什么。”

一项关于网恋的调查表明：网上恋爱成功率仅为1‰。1000位曾在网上谈过恋爱的网友参加了调查。约70%的网友在“是否与对方见过面”中选择“否”。他们说，在网上认识朋友只是为了交流感情，没有必要见面。在调查中，有30%的人曾与他们的网恋朋友见过面，但其中很多人见过面又后悔了，因为他们怎么也找不到网络上的感觉，感到很失望。这种现象被称为“见光死”，就是指很美好的网络感情到了现实中就消失

倾诉 qīngsù pour out (one's heart)
摄像头 shèxiàngtóu webcam
尽管 jǐnguǎn although
表明 biǎomíng show
率 lǜ rate
曾 céng ever
是否 shìfǒu whether or not
必要 bìyào need
后悔 hòuhuǐ regret

了。现在网络上还流行“青蛙”“恐龙”的说法，用来形容网上的男男女女，这些词语很可能就是在网上感觉较好的网民们在见面失望后，创造出来的。

然而生活中也有不少网友似乎更愿意接受纯粹的精神交流。在一家电脑公司工作的杨先生告诉记者，前阶段在网上到处闲逛时碰到了一个女孩儿，两个人聊得很开心，虽然在网上“相见恨晚”，但他们都清楚几乎所有的网上浪漫故事在现实生活中都是以“相见恨早”收场，于是约定不见面，免得破坏了感觉。

青蛙 qīngwā frog
恐龙 kǒnglóng dinosaur
形容 xíngróng describe
创造 chuàngzào create
纯粹 chúncuì pure
收场 shōuchǎng end
破坏 pòhuài destroy

1 根据课文内容判断对错（对的画“√”，错的画“×”）

（　　）1. 年轻人觉得，在网络上可以倾诉感情。
（　　）2. 蒋芬不想和网友见面，是因为她不好意思。
（　　）3. 参加调查的 1000 个人有的网恋过，有的没有。
（　　）4. 参加调查的大部分人觉得，没有必要跟网友见面。
（　　）5. 在调查中，30%的人后悔不该与网恋朋友见面。
（　　）6. 杨先生和网友见了面，但感觉不好。

2 根据课文内容选词填空

后悔　成功率　表明　见光死　网恋　摄像头　失望　网友　精神交流　感情

1. 网络是一个可以让年轻人倾诉__________的地方，很多年轻人在上面找到了谈得很好的__________，有的还谈起了__________。
2. 通过调查，网恋的__________很低，只有 1‰。和网恋的朋友见过面以后，大部分人觉得很__________，也很__________，这种现象被称为__________。生活中也有很多网友不见面，只是保持纯粹的__________。

3 根据课文内容选择正确答案

1. 第 10 行“网上恋爱成功率仅为 1‰”中“仅”的意思是：（　　）

A. 不但　　B. 只　　C. 也

2. 第 10 行“网上恋爱成功率仅为 1‰”中“为”的意思是：（　　）

A. 是　　B. 为了　　C. 因为

3. 第 12 行“约 70% 的网友”的意思是：（　　）

A. 和 70%的网友约会

B. 不到 70%的网友

C. 大概 70%的网友

4. 第 12 行“是否与对方见过面”中“对方”的意思是：（　　）

A. 正在谈着恋爱的那个网友　　B. 网友　　C. 陌生人

5. 第 12 行“约 70%的网友在‘是否与对方见过面’中选择‘否’”。根据这句话，我们可以知道：（　　）

A. 70%的网友没有和网恋的网友见过面

B. 70%的网友和网恋的网友见过面

C. 70%的网友不知道是不是应该和网友见面

6. 第 17 行“他们怎么也找不到网络上的感觉”。这句话的意思是：（　　）

A. 他们不知道怎么上网

B. 他们找不到上网的感觉

C. 见面后的感觉和在网上聊天的感觉不一样

7. 第 27 行“虽然在网上‘相见恨晚’”中“相见恨晚”的意思是：（　　）

A. 见面的时候总是迟到

B. 觉得应该早点儿认识

C. 在晚上见面

8. 第 29 行“几乎所有的网上浪漫故事在现实生活中多是以‘相见恨早’收场”的意思是大部分谈网恋的人和网恋对象见面后，都：（　　）

A. 觉得应该早一点儿见面

B. 不喜欢现实生活中的浪漫故事

C. 觉得见面后的感觉不如网上的感觉

4 根据课文内容，为左边的词语找到合适的解释（在词语前填上序号）

	A. 因为希望没有实现而不高兴
□ 倾诉（第 2 行）	B. 个
□ 项（第 10 行）	C. 听别人说话
□ 是否（第 12 行）	D. 结束，完
□ 交流（第 14 行）	E. 做了事情以后觉得不应该做
□ 后悔（第 16 行）	F. 是不是
□ 失望（第 18 行）	G. 收拾房间
□ 见光死（第 18 行）	H. 双方都把自己的想法告诉给对方
□ 青蛙（第 20 行）	I. 完全说出（心里的话）
□ 收场（第 30 行）	J. 网友见面后感觉不好，原来的感情没有了
	K. 网络上长得不太好看的男孩

5 前面三篇课文中有很多“网～”的词语，请把它们写出来

网络、________________

6 用下列词语造句

倾诉：________________

对方：________________

尽管：________________

是否：________________

必要：________________

后悔：________________

限时阅读 网 瘾

字数：210　　阅读时间：3 分钟

我们都知道，吸烟、喝酒多了容易对它们产生依赖，让人离不开它们，形成“烟瘾”和“酒瘾”。而上网同样会使人上瘾，形成“网瘾”。很多人，特别是青少年，都患上了这种病。主要表现为：总是想着去上网；上网时间长，而且控制不住时间；每当由于各种原因不能上网时会感到不安、没有精神、烦躁；觉得在网上比在现实生活中更快乐或更能实现自我。

现在，网瘾已不再是个人问题，成了一种“社会病”，社会也开始关注如何“戒除”。2005 年 3 月，中国第一家“网络成瘾治疗中心”在北京成立，开始接受来自全国各地的年轻患者进行住院治疗。

依赖　yīlài　dependence
瘾　yǐn　addiction
控制　kòngzhì　control
不安　bù'ān　uneasy
烦躁　fánzào　agitated

根据课文内容选择正确答案

1. 根据课文，下面哪种说法是正确的？（　　）
   A. 网瘾是一种病
   B. 经济越发达的地区，网瘾比例越高
   C. 高中生比初中生更容易患上网瘾

2. 下面哪种不是网瘾的表现？（　　）
   A. 控制不住上网时间
   B. 上网的时候喜欢抽烟
   C. 下了网没有精神、烦躁

3. 关于网瘾，下面哪个说法是作者的观点？（　　）
   A. 青少年不太容易患上网瘾
   B. 戒除网瘾是个人的问题
   C. 治疗网瘾是全社会的问题

2 写作

下面是《北京晚报》的一条消息：

如今网络上出现了很多有意思的语言现象。如“东西”不说“东西”，而要说成“东东”；“妹妹”不说“妹妹”，而被写做“美眉”。

还有一种是网民为了打字方便，把“哥哥”“妹妹”的拼音简化为“GG”“MM”，而“PLMM”则代表了“漂亮妹妹”。“88”发音和英语“Bye-Bye”很像，意思是“再见”。“BF”指“男朋友”，是英语“Boy Friend”每个单词的第一个字母。

让老师和家长十分担心的是，中小学生的作文中也常常出现这样的网络语言。有人认为，网络语言的流行将对汉语造成不好的影响，可是，也有人认为网络语言是汉语的发展。

您怎么看这一问题？欢迎您发送电子邮件至 wbrxb@vip.sina.com，参与我们的讨论“网上新词如何看”。

 lwx1965@hotmail.com

我儿子今年上高二，整天上网，也很喜欢说网络语言。在和同学打电话的时候，他说的话，我根本就听不懂。他和家长说话的时候，也会有一两句一开始我不明白，后来大概知道一些常用的语言了。这种语言也就只能在网上用用，哪能挂在嘴上整天说啊，如果全社会的人都这样说话，那肯定是不行的。

 tianfang@blcu.edu.cn

网络语言最大的特色在于简单方便，几个字母和符号就能把我们年轻人的想法真实有趣地表达出来，它能出现并受到年轻人的喜爱一定是有原因的，不会因为你不喜欢就没有了。我觉得这是因为现在的生活节奏很快，所以语言也需要变得简便。任何东西要想变得越来越好就必须不断发展，语言也是这样。网络语言是现代汉语的一部分，对汉语的发展是有好处的。

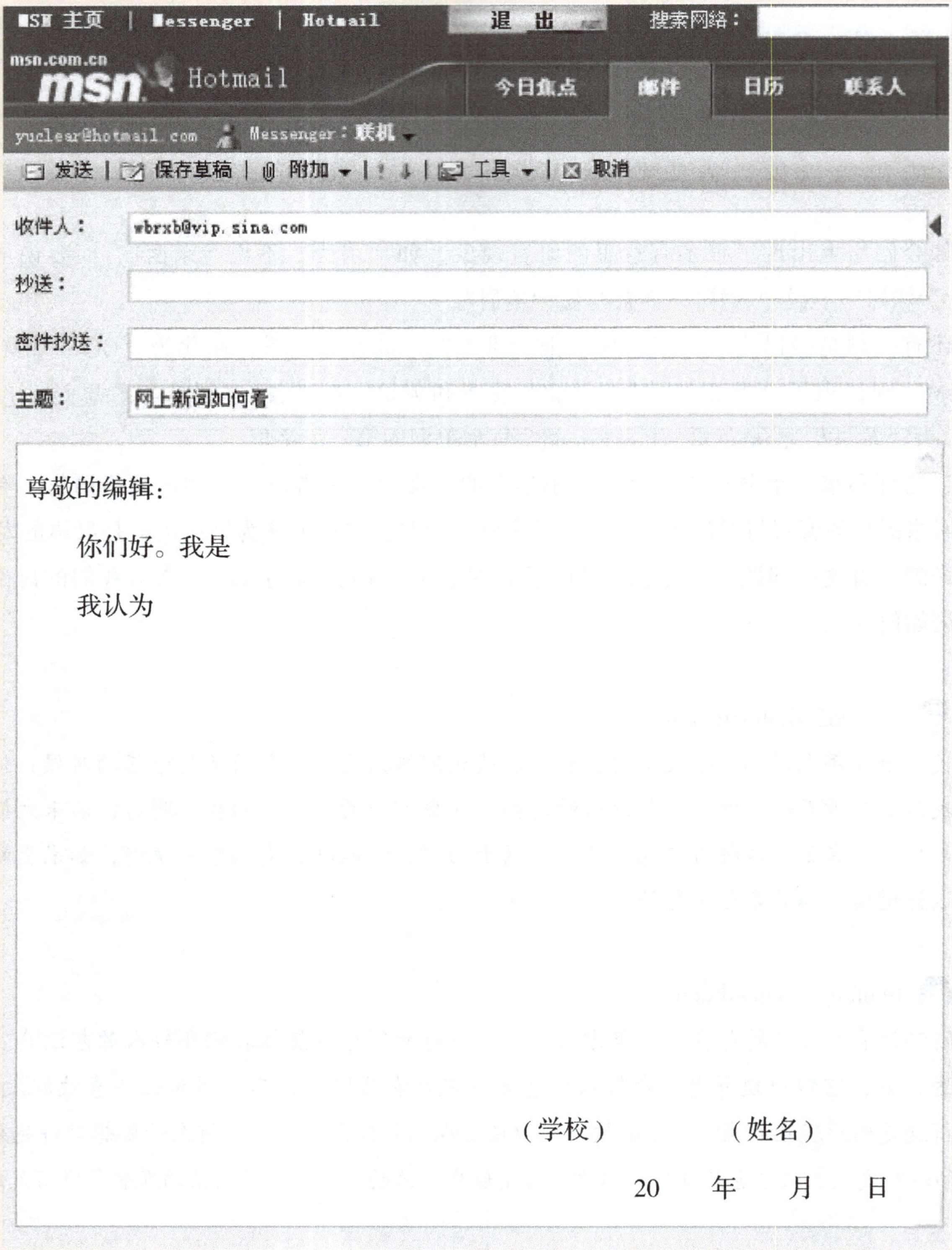

尊敬的编辑：

你们好。我是

我认为

（学校）　　　　（姓名）

20　　年　　月　　日

3 补充阅读

一 街头小店流行网上“安家”

近年来，中国电子商务发展迅速，网上购物正逐渐为越来越多的人所接受。许多不太起眼的街头小店也抓住机会纷纷在网上“安家”，借助网络寻求新的发展空间。

据了解，这些小店的主人大多数是20~30岁之间的年轻人。拥有实体店同时又在网上开店的张先生说，一开始并没有想到网上卖东西能赚钱，只是试着玩儿，可是后来网上店的生意却越做越好。现在他的网上店的营业额已经和实体店大体相等。张先生的很多朋友也跟着开起了网上店。

据张先生介绍，与实体店相比网上店有很多优势：首先网上开店省去了房租和人工，成本很低。而像他这样拥有实体店的成本更低，只需要一台电脑一台相机就可以了。其次网上店铺基本不会有库存和积压，不需要占用资金。最后，实体店铺只能面向一定区域的消费者，而网上店铺则是面向全国的消费者。

有关专家表示，电子商务的快速发展为这些网上小店的发展提供了有利条件和广阔空间，这种“一体两店”的模式值得关注。专家同时指出，网上小店要想求得稳定发展，维持良好的信用至关重要。

根据课文内容写出下列问题的答案

1. 在网上开店的大多数是什么人？

2. 网上开店有什么好处？

3. 网上小店怎样才能稳定发展？

二　网民普及率

在我国的网民中，男性、年轻人、学历高、收入高的人群中网民普及率高。男性网民普及率为 9.7%，女性网民普及率为 7.3%。年轻人中网民普及率高，尤其是占全国人口 1/10 的 18 至 24 岁年龄段的人，网民普及率高达 28.6%。但是由于年龄和网络知识普及的原因，占全国人口 40%的 18 岁以下和 40 至 50 岁之间的人群的网民普及率仅有 5%。学历越高，网民普及率越高。大专及以上人群网民普及率高达 84.8%，但是占总人口 3/4 的学历为高中以下的人群，其网民普及率仅有 1.8%。收入影响网民增长速度，收入越高，增长速度越快，个人月收入 2000 元以上的网民从 1749 万人增加到 3230 万人，增长率达到 84.7%。

根据课文内容完成表格，找出网民普及率高的人群

性别	男性	
	女性	
年龄	18 至 24 岁	
	40 至 50 岁和 18 岁以下	
学历	大专以上	
	高中以下	

8 传统节日

元宵 yuánxiāo

月饼 yuèbing

粽子 zòngzi

饺子 jiǎozi

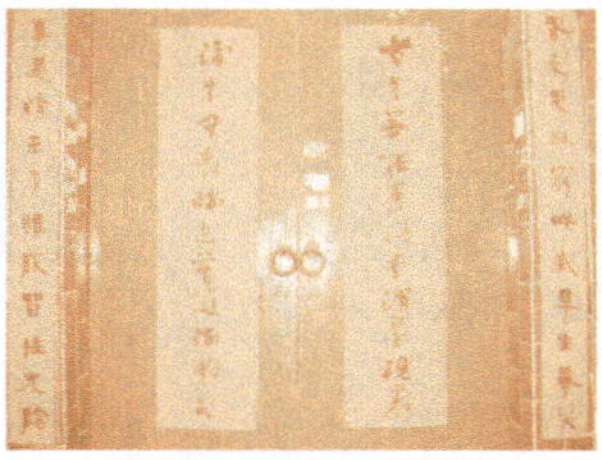

春联 chūnlián

福 fú

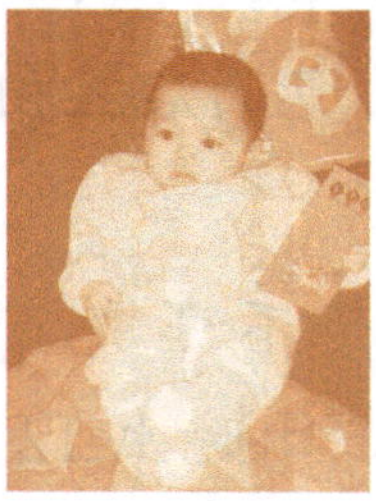

压岁钱 yāsuìqián

鞭炮 biānpào

课文

课前思考：你知道上面哪些东西和中国的春节有关吗？

课文一 春节

年货：在以前，过年的时候，商店、饭店都关门休息，所以，要在春节以前买好春节时吃的、用的东西，如肉、菜、糖、水果、新衣服、鞭炮等，这些东西都被称为“年货”。买好这些东西以后，就要开始忙着

年货 niánhuò special purchases for the Spring Festival

准备除夕要吃的“年夜饭”。

除夕：经过年前的忙碌，终于到了除夕，也就是人们常说的大年三十。春节是个亲人团聚的节日，这和西方的圣诞节很像。离家的孩子这时要回到父母家里。全家人坐下来吃年夜饭，聊天儿、看电视。到了零点，大家一起放鞭炮，庆祝新年的到来。

拜年：拜年一般从家里开始。第二天早上，也就是农历的一月一号，晚辈起床后，要先向长辈拜年，祝福长辈健康。这时候，长辈一般要把准备好的“压岁钱”给晚辈。在给家中长辈拜完年以后，人们就出门给邻居、同事、朋友拜年，见面后互相祝福“过年好”“新年好”。

饺子：饺子是春节不可缺少的节日食品。饺子一般要在年三十晚上12点以前包好，等到零点的时候吃。在包饺子时，人们常常把糖、花生、枣等包进馅儿里。吃到这些饺子的人就是幸运的人，新的一年的生活会更幸福、快乐。

春联：过年的时候，人们把自己写好或者买来的春联贴在大门上。春联分为三个部分——“上联”“下联”“横批”。上联贴在门的右边，下联贴在门的左边，横批贴在门的上边。在贴春联的同时，一些人家要在门上、墙上贴上“福”字。“福”字表示幸福、幸运。人们常常把“福”字倒着贴，表示“福到了”。

除夕 chúxī the eve of traditional Chinese New Year
忙碌 mánglù be busy
亲人 qīnrén relative
拜年 bài nián wish somebody a happy New Year
辈 bèi generation
祝福 zhùfú blessing
缺少 quēshǎo lack
花生 huāshēng peanut
枣 zǎo jujube, Chinese date
馅儿 xiànr filling
幸运 xìngyùn fortunate, lucky
贴 tiē paste
横批 héngpī a horizontal scroll bearing an inscription
倒 dào inverse

小知识：什么是农历

农历，又叫阴历，是人们根据月相变化创造出来的历法，与农业生产联系密切。农历是中国传统文化的代表之一，许多传统节日，如春节（农历正月初一）、元宵节（农历正月十五）、端午节（农历五月初五）、中秋节（农历八月十五）、重阳节（农历九月初九）等等都是使用农历的。1949年，中华人民共和国成立以后，中国开始采用公元纪年，即和世界各国一样，使用公历，也叫阳历。

1 根据课文内容判断对错（对的画"√"，错的画"×"）

(　　) 1. 年货就是春节时要吃的东西。
(　　) 2. "年三十"就是除夕。
(　　) 3. 初一早上孩子要给大人拜年。
(　　) 4. 零点的时候，人们开始一起包饺子，然后吃饺子。
(　　) 5. 春联有三个部分：上联、下联、福字。

2 根据课文内容选词填空

初一　馅儿　除夕　年货　春联　团圆　年夜饭
压岁钱　鞭炮　福字　祝福　饺子　拜年　缺少

1. 春节和西方的圣诞节很像，都是亲人__________的节日。
2. 过年以前，一般中国人都要买好__________，准备__________时吃的__________。
3. 零点的时候，人们要放__________、吃__________。
4. __________早上，晚辈要给长辈__________，长辈要给晚辈__________。
5. 过年的时候，人们还要在大门上贴上__________，还要在墙上倒着贴上__________。

3 根据课文内容写出下列问题的答案

1. 什么是"年夜饭"？（什么时候、什么人一起吃）

2. 春节什么地方和西方的圣诞节很像？

3. 拜年的时候，人们一般要说什么？

4. "福"字为什么要倒着贴？

4 根据课文内容，为左边的词语找到合适的解释（在词语前填上序号）

	A. 好的运气
□ 年夜饭（第 6 行）	B. 将来，以后
□ 忙碌（第 7 行）	C. 向别人祝贺新年
□ 团聚（第 9 行）	D. 要做的事情多，非常忙
□ 拜年（第 15 行）	E. 很高兴，幸福的
□ 压岁钱（第 16 行）	F. 过年时长辈给小孩儿的钱
□ 幸运（第 24 行）	G. 和家里的人团圆
	H. 除夕吃的团圆饭

5 请根据课文内容把买来的这几样东西贴在门的正确位置上

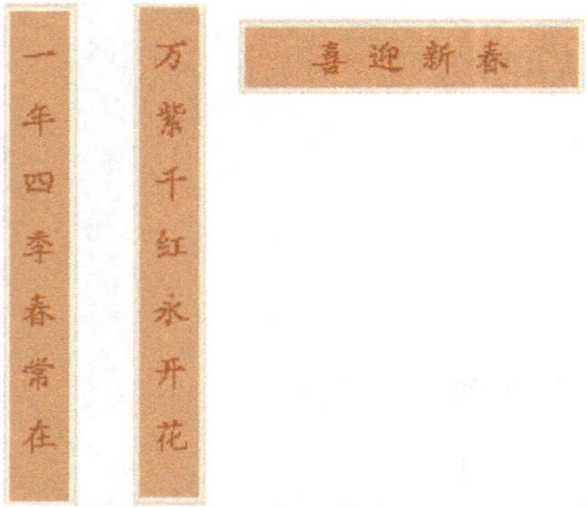

写一写你是怎样做的？

上联　下联　横批　“福”字

把　贴　倒着

________________________；

________________________；

________________________；

________________________。

6 改正下面短文中不对的地方，并把正确的句子写出来

过年终于到了，爷爷让我贴“福”字在门上。晚上，全家人一起包饺子，我们常常包硬币在馅儿里，吃到的人就是幸运的人。明天早上，我还要出门拜年给邻居、同事、朋友。

____

____

____

____

7 找节日：请你在下面的日历中找出 2008 年的春节是哪一天？你还能找到哪些中国的传统节日？

2008 年农历戊子年

January 1

SUN	MON	TUE	WED	THU	FRI	SAT
		1 元旦	2 廿四	3 廿五	4 廿六	5 廿七
6 小寒	7 廿九	8 十二月	9 初二	10 初三	11 初四	12 初五
13 初六	14 初七	15 初八	16 初九	17 初十	18 十一	19 十二
20 十三	21 大寒	22 十五	23 十六	24 十七	25 十八	26 十九
27 二十	28 廿一	29 廿二	30 廿三	31 廿四		

February 2

SUN	MON	TUE	WED	THU	FRI	SAT
					1 廿五	2 廿六
3 廿七	4 立春	5 廿九	6 三十	7 春节	8 初二	9 初三
10 初四	11 初五	12 初六	13 初七	14 初八	15 初九	16 初十
17 十一	18 十二	19 十三	20 十四	21 元宵节	22 十六	23 十七
24 十八	25 十九	26 二十	27 廿一	28 廿二	29 廿三	

March 3

SUN	MON	TUE	WED	THU	FRI	SAT
						1 廿四
2 廿五	3 廿六	4 廿七	5 惊蛰	6 廿九	7 三十	8 妇女节
9 初二	10 初三	11 初四	12 初五	13 初六	14 初七	15 初八
16 初九	17 初十	18 十一	19 十二	20 春分	21 十四	22 十五
23 十六	24 十七	25 十八	26 十九	27 二十	28 廿一	29 廿二
30 廿三	31 廿四					

April 4

SUN	MON	TUE	WED	THU	FRI	SAT
		1 廿五	2 廿六	3 廿七	4 清明	5 廿九
6 三月	7 初二	8 初三	9 初四	10 初五	11 初六	12 初七
13 初八	14 初九	15 初十	16 十一	17 十二	18 十三	19 十四
20 谷雨	21 十六	22 十七	23 十八	24 十九	25 二十	26 廿一
27 廿二	28 廿三	29 廿四	30 廿五			

May 5

SUN	MON	TUE	WED	THU	FRI	SAT
				1 劳动节	2 廿七	3 廿八
4 廿九	5 立夏	6 初二	7 初三	8 初四	9 初五	10 初六
11 母亲节	12 初八	13 初九	14 初十	15 十一	16 十二	17 十三
18 十四	19 十五	20 十六	21 小满	22 十八	23 十九	24 二十
25 廿一	26 廿二	27 廿三	28 廿四	29 廿五	30 廿六	31 廿七

June 6

SUN	MON	TUE	WED	THU	FRI	SAT
1 儿童节	2 廿九	3 三十	4 五月	5 芒种	6 初三	7 初四
8 端午节	9 初六	10 初七	11 初八	12 初九	13 初十	14 十一
15 父亲节	16 十三	17 十四	18 十五	19 十六	20 十七	21 夏至
22 十九	23 二十	24 廿一	25 廿二	26 廿三	27 廿四	28 廿五
29 廿六	30 廿七					

July 7

SUN	MON	TUE	WED	THU	FRI	SAT
		1 建党节	2 廿九	3 六月	4 初二	5 初三
6 初四	7 小暑	8 初六	9 初七	10 初八	11 初九	12 初十
13 十一	14 十二	15 十三	16 十四	17 十五	18 十六	19 十七
20 十八	21 十九	22 大暑	23 廿一	24 廿二	25 廿三	26 廿四
27 廿五	28 廿六	29 廿七	30 廿八	31 廿九		

August 8

SUN	MON	TUE	WED	THU	FRI	SAT
					1 建军节	2 初二
3 初三	4 初四	5 初五	6 初六	7 初七	8 初八	9 初九
10 初十	11 十一	12 十二	13 十三	14 十四	15 十五	16 十六
17 十七	18 十八	19 十九	20 二十	21 廿一	22 廿二	23 廿三
24 廿四	25 廿五	26 廿六	27 廿七	28 廿八	29 廿九	30 三十
31 八月						

September 9

SUN	MON	TUE	WED	THU	FRI	SAT
	1 初二	2 初三	3 初四	4 初五	5 初六	6 初七
7 白露	8 初九	9 初十	10 教师节	11 十二	12 十三	13 十四
14 十五	15 十六	16 十七	17 十八	18 十九	19 二十	20 廿一
21 廿二	22 秋分	23 廿四	24 廿五	25 廿六	26 廿七	27 廿八
28 廿九	29 九月	30 初二				

October 10

SUN	MON	TUE	WED	THU	FRI	SAT
			1 国庆节	2 初四	3 初五	4 初六
5 初七	6 初八	7 重阳节	8 寒露	9 十一	10 十二	11 十三
12 十四	13 十五	14 十六	15 十七	16 十八	17 十九	18 二十
19 廿一	20 廿二	21 廿三	22 廿四	23 霜降	24 廿六	25 廿七
26 廿九	27 廿九	28 三十	29 十月	30 初二	31 初三	

November 11

SUN	MON	TUE	WED	THU	FRI	SAT
						1 初四
2 初五	3 初六	4 初七	5 初八	6 初九	7 立冬	8 十一
9 十二	10 十三	11 十四	12 十五	13 十六	14 十七	15 十八
16 十九	17 二十	18 廿一	19 廿二	20 廿三	21 廿四	22 小寒
23 廿六	24 廿七	25 廿八	26 廿九	27 三十	28 十一月	29 初二
30 初三						

December 12

SUN	MON	TUE	WED	THU	FRI	SAT
	1 初四	2 初五	3 初六	4 初七	5 初八	6 初九
7 大雪	8 十一	9 十二	10 十三	11 十四	12 十五	13 十六
14 十七	15 十八	16 十九	17 二十	18 廿一	19 廿二	20 廿三
21 冬至	22 廿五	23 廿六	24 廿七	25 廿八	26 廿九	27 十二月
28 初二	29 初三	30 初四	31 初五			

课前思考：在你们国家，人们新年一般做什么？怎么拜年？

课文二 春节的新变化

中国传统过春节的方式一般是全家人一起在家里聊天、吃年夜饭，去朋友家拜年，但是现在，随着社会的发展，中国人过春节的方式已经有了许多新的变化。

饭店年夜饭：为了方便，越来越多的人选择去饭店吃年夜饭。现在，大部分饭店都提前两三个月开始预订年夜饭，有的客人在去年吃年夜饭的时候，就又预订上了今年的年夜饭。由于订年夜饭的人很多，很多饭店都把一天的年夜饭分为两批，17点到19点30分第一批吃完后，20点第二批再开始。

娱乐多了：过去过春节，人们一般都是在家里聊天儿、喝酒、吃饭。现在，越来越多的家庭选择在春节时出门旅游，春节也是各大旅行社一年中最忙碌的时期之一。还有很多人选择去运动，体育馆里到处都是来锻炼的人，在各种运动中，羽毛球、乒乓球、保龄球是参加人数最多的三个项目。

短信拜年：现在越来越多的人都用电话、短信等拜年，年轻人更是这样。调查表明，在几种不同的拜年方式中，31.98%的年轻人今年会选择“发短信”，24.50%选择

提前 tíqián in advance

批 pī group, batch

旅行社 lǚxíngshè travel agency

保龄球 bǎolíngqiú bowling

项目 xiàngmù item

方式 fāngshì manner, way

"打电话"，只有23.11%的年轻人会用"上门拜年"这一方式。网上拜年（发电子邮件、贺卡等）的也有20.42%。2006年过年期间，全国拜年短信量达120亿条，相当于中国人平均每人收发近10条短信！

贺卡 hèkǎ greeting card
相当于 xiāngdāng yú be equivalent to
平均 píngjūn average

1 根据课文内容判断对错（对的画"√"，错的画"×"）

（ ）1. 因为饭店的饭菜好吃，所以越来越多的人去饭店吃年夜饭。
（ ）2. 春节期间是各大旅行社一年中最忙碌的时期。
（ ）3. 大部分去锻炼的人喜欢打羽毛球、乒乓球、保龄球。
（ ）4. 现在人们喜欢用短信拜年。

2 根据课文内容填空

1. 以前人们在________吃年夜饭，现在很多人去________吃年夜饭。
2. 现在，春节期间的娱乐多了，很多人出门________，还有很多人到________锻炼身体。
3. 课文中提到了________种拜年方式，它们是____。

3 根据课文内容选择正确答案

1. 第9行"很多饭店都把一天的年夜饭分为两批"的意思是：很多饭店（ ）
   A. 把年夜饭分为两个时段
   B. 只在两个时间提供年夜饭
   C. 把年夜饭分成两天

2. 第20行"年轻人更是这样"的意思是：（ ）
   A. 年轻人更不喜欢这样的方式
   B. 年轻人更喜欢用这样的方式
   C. 年轻人认为这样更好

3. 第 26 行“全国拜年短信量达 120 亿条”中“达”的意思是：（   ）

A. 超过　　　　B. 有　　　　C. 少于

4. 第 26 行“相当于中国人平均每人收发 10 条短信”的意思是：（   ）

A. 中国人每个人收到 10 条短信

B. 中国人每个人发出 10 条短信

C. 平均每个中国人收发 10 条短信

4 猜词义，并连线

“预订”和“预习”中“预”的意思是“预先”“提前”。猜一猜下面词语的意思，并为它们找到合适的句子。

预习	我每天都看天气__________。
预报	天气特别热，大家都__________到马上要下一场大雨。
预知	我们每天都应该__________生词。
预感	刘翔以 13 秒 73 的成绩排名__________第一，进入决赛。
预赛	云能够帮助我们__________天气变化。

5 下面四种拜年方式你更喜欢哪种？把你的看法写出来

A. 上门拜年　　B. 打电话　　C. 发短信　　D. 网上拜年

好　处	坏　处
让人们的相互联系更多了 让人们之间的感情更近了 不用准备礼物 很方便 ……	让人们的关系更远了 不知道说什么 花钱太多 不太方便 ……

现在拜年的方式越来越多了，在这些方式中，我觉得__________的方式最好，因为____

____

____

课前思考：你知道一年之中哪一天的月亮最圆最大吗？在这一天，中国人一般要做什么？

课文三　中秋节

传说古时候，天上有十个太阳，特别热。有一个叫后羿的人，用箭射下了九个太阳，只留下一个太阳，地球上就变舒服了。为了感谢他，天上的神仙来到地上，送给他一包药，吃了这包药就可以飞到天上去，也变成神仙。可是，后羿家里还有个美丽的妻子叫嫦娥，他舍不得离开妻子嫦娥，就没有吃，而是把药交给嫦娥收起来。

有个坏人知道了这件事，他想，要是吃了这包药，自己就可以变成神仙了。有一天，他看后羿不在家，就来到后羿家，逼嫦娥拿出药。嫦娥不愿意给他，可是又没有办法，一着急，就拿出药自己吃了下去。嫦娥吃下药后，马上向天上飞去，一直飞到了月亮上。

晚上，后羿回来后，听说了这件事，他哭着向天空看去。突然，他惊喜地发现，今天晚上的月亮特别圆，特别亮，而且上面有个人，像是嫦娥。后羿赶忙把嫦娥最爱吃的水果都拿出来摆在桌子上，纪念月亮里的嫦

后羿　Hòuyì　Houyi
箭　jiàn　arrow
射　shè　shoot
神仙　shénxiān　fairy
嫦娥　Cháng'é　Chinese mythical goddess of the moon
纪念　jìniàn　commemorate

娥。人们听说嫦娥飞到月亮上成了神仙，也在月下摆上水果，祝愿嫦娥平安。这一天是农历的八月十五，也就是中国的中秋节。在这一天，中国人一般都会全家一起吃月饼，一边聊天儿一边赏月。

祝愿 zhùyuàn wish
平安 píng'ān safe

1 根据课文内容按顺序排列

A

B

C

D

E

F

正确的顺序是：__________________________________

1. 嫦娥吃了药，飞到了天上。
2. 后羿射下了九个太阳。
3. 神仙给了后羿一包不老药。
4. 天上有十个太阳，人们热得不能生活。
5. 后羿纪念月亮上的嫦娥。
6. 坏人逼嫦娥拿出药来。

正确的顺序是：__________________________________

2 根据课文内容选词填空

平安 射 月亮 太阳 神仙 纪念 妻子 月饼 逼 感谢

1. 后羿用箭射下了九个_______，_______送给他一包药表示_______。
2. 后羿把药交给了_______嫦娥。
3. 有个坏人想变成神仙，他__________嫦娥拿出药，嫦娥没有办法，就吃下药飞到了_________上。
4. 后羿回来以后，摆上水果_______嫦娥，祝福她_______。

3 根据课文内容写出下列问题的答案

1. 后羿做了一件什么好事？

2. 后羿为什么没有吃那包药？

3. 嫦娥为什么吃下了那包药？

4. 人们为什么在月下摆上水果？

4 根据课文内容，为左边的词语找到合适的解释（在词语前填上序号）

	A. 告诉
□ 神仙(第4行)	B. 又惊讶又高兴
□ 收(第8行)	C. 住在天上的人，永远不会老、不会死
□ 逼(第11行)	D. 安全的，没有危险的
□ 惊喜(第16行)	E. 让别人做他不喜欢做的事情
□ 赶忙(第18行)	F. 把外面的东西拿到里面；把分开的东西放到一起
□ 祝愿(第22行)	G. 赶快、连忙
□ 平安(第22行)	H. 很安静，没有声音
	I. 希望别人生活得好

5 用下列词语造句

逼：____

惊喜：____

赶忙：____

祝愿：____

平安：____

6 小写作

我是嫦娥，已经一个人在月亮上待了许多年了。以前，我在地上__________，我喜欢这样的生活，觉得很幸福。有一天，后羿带回来一包药，说是天上的神仙为了____，让我好好保管。可是，有一天，后羿出去了，有个人来到我的家中，____，没有办法，我只好____，然后，我就____。

现在，我很______________，真希望____________________，但是，____。

限时阅读　元宵节

字数：334　　阅读时间：5 分钟

每年农历的正月十五，春节刚过，就迎来了中国的另一个传统节日——元宵节。

正月是农历的元月，古人称晚上为“宵”，所以称正月十五为元宵节。正月十五是一年中第一个月圆之夜，人们对此进行庆祝，也是庆祝新春活动的继续。在这一天，人们有吃元宵的习俗。元宵又叫“汤圆”，这个名字和“团圆”字音相近，象征全家人团团圆圆，和睦幸福，寄托了人们对未来生活的美好愿望。

元宵节也叫灯节。在这天晚上，人们要点起彩灯，进行庆祝。古时候，人们一般全家吃完晚饭和元宵以后，就一起出门去看彩灯。这个活动也给未婚男女提供了一个相识的机会，传统社会的年轻女孩儿平时不能外出自由活动，但是过节却可以结伴出来游玩。元宵节赏花灯正好是一个交朋友的好机会，未婚男女可以借着赏花灯顺便找自己喜欢的人，所以元宵节也是一个浪漫的节日。

元宵　yuánxiāo　sweet dumplings made of glutinous rice flour

和睦　hémù　harmony

结伴　jié bàn　go in company with

赏　shǎng　enjoy, appreciate

根据课文内容填空

1. 元宵节在农历的____________，它还有一个名字是____________。
2. 在这一天，人们一般要吃____________，希望全家能____________。
3. 这天晚上，人们还要一起出门去看____________，这也是没有结婚的青年男女互相____________的好机会。

2 写作

贺卡

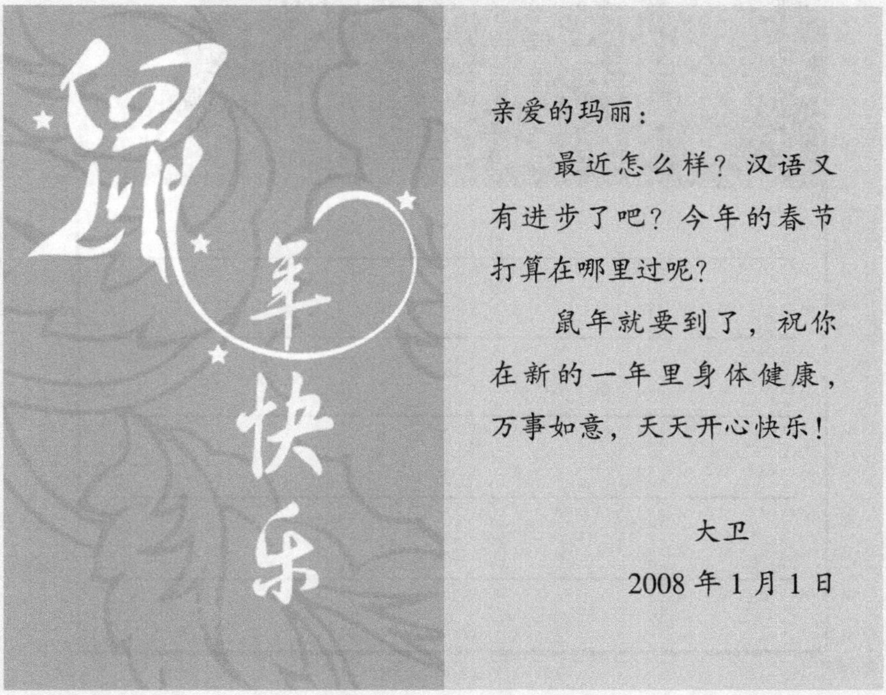

亲爱的玛丽：

最近怎么样？汉语又有进步了吧？今年的春节打算在哪里过呢？

鼠年就要到了，祝你在新的一年里身体健康，万事如意，天天开心快乐！

大卫

2008年1月1日

中国人常用的祝福语：

学习进步	工作顺利	天天开心	万事如意
幸福安康	梦想成真	恭喜发财	全家幸福

在下面的两个任务中选择一个完成

（一）今年的春节又快到了，请你写一张贺年卡送给你的老师或好朋友。

（二）朋友快过生日了，请你写一张生日贺卡送给他 / 她。

有一種廉潔
叫蓮出污泥而不染
有一種淡泊
謂兩袖清風明心志
有一種風格
回梅花香自苦寒來
有一種品德
乃潔身自好君子道
有一種和諧
為正氣長存天地歌
戊子年 2008
Happy New Year

生日快乐

3 补充阅读

一 红色的中国年

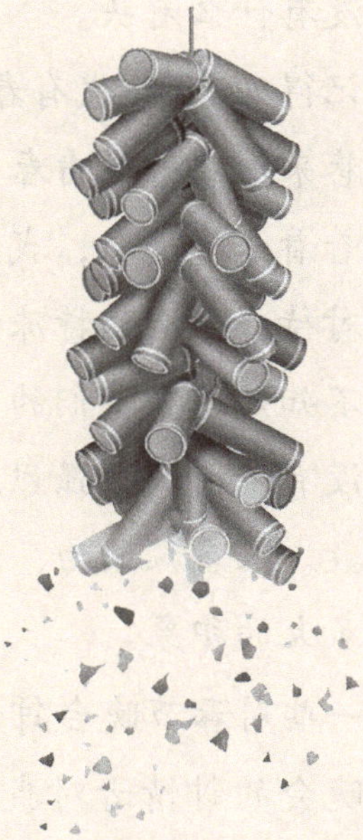

这已经是玛丽在中国度过的第6个春节了。这位说着一口标准汉语的法国女子把她心目中的中国年概括为“红色”。

“当我发现身边的红色越来越多时，我就知道中国的春节快到了。你看每家的大门上都贴着红‘福’字，两边是红色的春联。老人小孩们都会穿上红色的中式服装。”

玛丽说，到处可以看见的红色让她在北京寒冷的天气里也感到很温暖。“我也会被这热闹的节日气氛所感染，与中国的朋友们互相拜年，从未觉得孤单。”

玛丽说，她很喜欢中国过年的气氛，在有的地方甚至可以用“疯狂”来形容，因为这是中国人一年中最幸福的时刻。她回忆起几年前在贵阳过年时的情景，“太可怕了，那里的人们放了三天三夜的鞭炮，我不敢出门，只好躲在旅馆里吃了三天的方便面，哈哈。”她说，“谁说中国人是内向的民族？新年就是他们表达自己感情的机会，这时候的中国人每个都很有热情，很外向。”

根据课文内容判断对错（对的画“√”，错的画“×”）

(　　) 1. 玛丽已经在中国过了六个春节了。

(　　) 2. 玛丽觉得中国年的特点是“红色”。

(　　) 3. 红色让她觉得很温暖。

(　　) 4. 过春节时，玛丽很想念父母，觉得很孤单。

(　　) 5. 玛丽觉得过春节时中国人一点儿也不内向。

二 春节联欢晚会

前几天和几个老朋友聊天儿，因为临近春节，所以话题自然转到春节。说来说去，话题自然也就转到了春节晚会。

大家一致认为，春节晚会一年不如一年了。年年看春节晚会，但没有一年看完的。不想看吧，转其他地方台，不是转播中央电视台的春节晚会，就是本地的春节晚会，千篇一律，根本没有什么看头。

记得从80年代有春节晚会开始，至90年代初，看春节晚会成了国人的一件大事。用万人空巷来形容当时看春节晚会的情景可能有点儿夸张，但要是说绝大部分的人在年夜饭过后都等着看春节晚会，我想一点儿都不过分。因为当时人们把看春节晚会当做一件很重要的事情来对待，除非有特殊的事情，要不，非看不可！

不知是现在我们的生活水平提高了，还是文娱活动丰富了，总之，春节晚会对大家的吸引力没有以前那么强烈了。每年春节过后大家见面，每次谈到春节晚会，都是不满意的人占大多数。很多人认为，看了几个小时的春节晚会，可能只记得其中的一两个节目，其他节目没有多大的印象。

一些对春节晚会钟情的人，年年都要看春节晚会，但年年看完后都要摇头。记得有一个春节晚会的钟情者对我说出了他自己心中的一句真心话：春节晚会，相见不如怀念！是啊，我也有同感。年年看春节晚会，年年都感到不满意。也许春节晚会留给我们的只有那过去的时光了。

今年大年三十怎样过呢？虽然年年失望，但是我还是想看看，看看是否能给我个惊喜。我想，大部分中国人都有着和我同样的心态吧？

根据课文内容判断对错（对的画“√”，错的画“×”）

(　　) 1. 我觉得春节联欢晚会一年比一年差了。

(　　) 2. 八十年代的时候，春节联欢晚会很受欢迎。

(　　) 3. 近几年，看完春节联欢晚会后，大部分的人都不满意。

(　　) 4. 我很怀念过去精彩的春节联欢晚会。

(　　) 5. 今年春节我决定不看春节联欢晚会了。

9 古代故事

课文

课前思考：你知道中国的“情人节”是什么时候吗？为什么是这一天？

课文一 牛郎织女

古时候，有一个善良的小伙子，名字叫牛郎。他的父母早就去世了，他一个人在山里生活，只有一间房子、一头牛，还有一块田地。

天上有七个漂亮的仙女，有一天，她们觉得天上的生活没有意思，想到地上来看看。于是，她们就偷偷地飞了下来。玩儿了半天，她们觉得很热，就来到湖边，把衣服脱下来放在一旁，然后一个个跳进湖里游泳。前一天晚上，牛郎做了一个梦，在梦里，一位老人告诉他，明天会有七个漂亮的仙女到湖里游泳，他拿走谁的衣服，就能娶

善良 shànliáng kind-hearted
小伙子 xiǎohuǒzi lad, young man
田地 tiándì field, farmland
仙女 xiānnǚ fairy maiden
脱 tuō take off
娶 qǔ marry (a woman)

谁做妻子。所以这天牛郎早早地就来到了湖边，偷偷地拿走了她们放在湖边的一件衣服。

七个仙女游完泳从湖里出来，大家都穿好了衣服，可是一个名叫“织女”的仙女却怎么也找不到自己的衣服。那六位仙女着急要回到天上去，只好先飞走了。织女一个人躲在湖里，不能出来。这时候，牛郎走出来，把衣服还给了她。两个人一见钟情，织女决定留下来，和牛郎生活在一起。过了几年，他们生了一个男孩儿和一个女孩儿，一家人过着快乐的生活。

一天，突然刮起了大风，下起了大雨。牛郎跑回家，看到两个孩子哭个不停，而织女却不见了。原来，天上的王母娘娘发现织女不在了，十分生气，就派人把织女抓了回去。牛郎大声地哭了起来。这时，家里的那头老牛突然开口了：“别难过！你把我杀了，把我的皮披上，就可以上天找织女去了。”牛郎说什么也不愿意这样做，这头老牛已经和他一起生活了十几年了。可是，牛郎想不出别的办法，只好流着眼泪这样做了。

牛郎一披上牛皮，就飞了起来。他带着两个孩子飞到天上，找到了织女。王母娘娘知道后，十分生气，就伸出手在天上一指，牛郎和织女中间立刻出现了一条很宽的银河，他们只能站在银河的两边，远远地看着对方，却不能走到一起。喜鹊非常同情牛郎和织女的爱情，于是，每年农历七月七日，他们就飞到河面上，搭起一座鹊桥，让牛郎和织女在桥上见面。传说这一天地上一只喜鹊都见不到。这一天，被称为“七夕节”，又被称为中国的情人节。

一见钟情　yí jiàn zhōngqíng　fall in love at first sight

王母娘娘　Wángmǔ niángniang　Queen Mother of the Western Heavens

杀　shā　kill

披　pī　drape over one's shoulder, wrap around

伸　shēn　extend

指　zhǐ　point at

宽　kuān　wide

银河　yínhé　Milky Way

喜鹊　xǐquè　magpie

同情　tóngqíng　sympathize

情人节　Qíngrénjié　Valentine's Day

1 根据课文内容排列顺序

1. 牛郎偷走了织女的衣服
2. 牛郎梦见了一个老人
3. 银河把牛郎和织女分开了
4. 牛郎和织女一见钟情
5. 织女和仙女们一起飞到地上玩
6. 王母娘娘把织女抓了回去

正确的顺序是：________________________________

2 根据课文内容选词填空

牛皮　湖　衣服　七夕节　织女　鹊桥　情人节

一见钟情　老人　衣服　王母娘娘　银河

1. 牛郎梦见一个____________，告诉他一件重要的事情。
2. 织女找不到自己的____________，只好躲在____________里。
3. 牛郎披上____________，飞到天上，找到了____________，但是____________让他们中间出现了一条____________。
4. 喜鹊们搭成一座____________，让他们见面。
5. 中国的农历七月七日是____________，也被叫做中国的____________。

3 根据课文内容选择正确答案

1. 第 12 行中“他拿走谁的衣服，就能娶谁做妻子”的意思是：（　　）

   A. 他拿走了谁的妻子的衣服

   B. 他拿走哪个人的衣服，哪个人就做他的妻子

   C. 他拿走了一件衣服，不知道是谁的衣服

2. 第 16 行中“(织女) 却怎么也找不到自己的衣服”的意思是：（　　）

   A. (织女) 怎么才能找到自己的衣服呢

   B. (织女) 丢了衣服，不知道怎么办

   C. (织女) 找不到自己的衣服了

3. 第 25 行中“两个孩子哭个不停”的意思是：（　　）

A. 两个孩子一个一个哭起来

B. 两个孩子大声地哭起来

C. 两个孩子不停地哭

4. 第 30 行中“牛郎说什么也不愿意这样做”的意思是：（　　）

A. 牛郎怎么也不愿意这样做

B. 牛郎说不愿意这样做

C. 牛郎什么也不愿意做

4 根据课文内容，为左边的词语找到合适的解释（在词语前填上序号）

	A. 一见面就爱上了对方
□ 善良(第 1 行)	B. 心很好
□ 小伙子(第 1 行)	C. 很高兴见到
□ 娶(第 12 行)	D. 男子结婚
□ 一见钟情(第 20 行)	E. 一样的感情
□ 同情(第 39 行)	F. 农历七月七日，牛郎织女见面的日子
□ 七夕节(第 43 行)	G. 年轻的男子
	H. 觉得别人可怜，想要帮助他

5 根据例句，使用指定的词语或句式完成句子

1. ……谁……谁……

他拿走谁的衣服，就能娶谁做妻子。

我们这次考得最好的人请客。→

____

2. V 个不停

两个孩子哭个不停。

听了这句话以后，她不停地大笑。→

____

3. ……说什么也不……

牛郎说什么也不愿意这样做。

我们用什么办法也不能让他同意我们的建议。→

____

6 改正下面短文中不对的地方，并把正确的句子写出来

牛郎听老人说，他拿走谁的衣服，就能跟她结婚。牛郎和织女结婚后，生活得很快乐。一天，牛郎回家后看到两个孩子哭个不停，就找织女到天上去，但是却他们不能见面对方。

____

____

____

____

7 用下列词语造句

一见钟情：______________________________

同情：______________________________

伸：______________________________

情人节：______________________________

课前思考：如果你丢了东西，怎么安慰自己？

课文二 塞翁失马

古时候，有一个老人，人们叫他塞翁，他养了许多马。一天，有一匹马跑丢了。邻居们听说了这件事，都为他感到难过，塞翁却笑了笑说："丢了马不一定就是坏事，没准儿会带来什么福气呢。"邻居们听了塞翁的话，心里都觉得很好笑。这明明是件坏事，塞翁怎么会认为是件好事呢？

过了几天，跑丢的马不仅回来了，还带回来了一匹马。邻居们听说了，都来向他表示祝贺。塞翁听了邻居们的祝贺，却一点儿高兴的样子也没有，说："白白得了一匹马，也不一定是什么好事，谁知道会不会有什么麻烦呢？"邻居们都以为他心里高兴，故意不说出来。

塞翁有个儿子，非常喜欢骑马。他发现带回来的那匹马又高大又漂亮，是匹好马，就每天都骑着那匹马出去玩儿。一天，他从马上摔了下来，摔断了腿。邻居们听说了这件事，都来安慰塞翁。塞翁说："没什么，腿摔断了，也许是福气呢。"邻居们想不出，摔断腿会带来什么福气。

不久，战争就开始了，村里的年轻人都被拉去打仗了，塞翁的儿子因为摔断了腿，不能去战场。最后，村里的年轻人都在战争中死去了，只有塞翁的儿子活了下来。

塞翁 Sài Wēng name of a person
养 yǎng raise
好笑 hǎoxiào funny, laughable
明明 míngmíng obviously
祝贺 zhùhè congratulation
白白 báibái in vain, for nothing
故意 gùyì intentionally
摔 shuāi fall
断 duàn break
安慰 ānwèi comfort
战争 zhànzhēng war
村 cūn village
打仗 dǎ zhàng go into battle, fight

这个故事告诉我们这样一个道理：

______________________________。

因此，在我们的生活中，当遇到麻烦、困难时，我们应该____________________；

而当我们________________________，

我们应该________________________

______________________________。

1 根据课文内容排列顺序

1. 塞翁的儿子骑马摔断了腿
2. 塞翁的儿子因为腿断了，没有去战场
3. 丢了的马又带回来一匹马
4. 塞翁丢了一匹马

正确的顺序是：____________________

2 根据课文内容填空

塞翁丢了马，但他却并不感到____________，因为他觉得不一定是坏事，说不定会带来____________。过了几天，他的马回来了，邻居们都来____________，但塞翁觉得这说不定会有____________。果然，____________骑马的时候摔伤了，但这件事又成了好事，因为他的腿摔伤了就不用去战场____________了。

3 根据课文内容回答问题

1. 塞翁遇到了几件好事？遇到了几件坏事？

2. 跑丢的马回来了，邻居们来祝贺塞翁时，塞翁为什么并不高兴？

4 根据课文内容，为左边的词语找到合适的解释（在词语前填上序号）

	A. 战争进行的地方
□ 失（题目）	B. 想到了、想好了要那样做
□ 没准儿（第 4 行）	C. 没有花钱
□ 福气（第 5 行）	D. 不知道怎么办
□ 白白（第 11 行）	E. 为了让别人心情好一些而说一些好听的话
□ 故意（第 14 行）	F. 丢，少
□ 安慰（第 19 行）	G. 颜色很白
□ 战场（第 24 行）	H. 幸运的事情
	I. 可能

5 用下列词语造句

没准儿：________________

安慰：________________

白白：________________

故意：________________

福气：________________

6 根据你的理解，补充好课文的最后一段。

这个故事告诉我们这样一个道理：________________

________________。因此，在我们的生活中，当遇到麻烦、困难时，

我们应该________________；

而当我们________________，

我们应该________________

________________。

课前思考：看看下面的图片，猜猜这是一个什么故事？

课文三　梁山伯与祝英台

祝英台是中国古时候的一个女孩子，她很聪明，想去上学。但是，那时候女孩子是不能去学校读书的，所以祝英台只好穿上男孩子的衣服打扮成男孩子去上学。在学校里，她认识了梁山伯，他们在一起学习了三年，互相关心，互相帮助，成了最好的朋友。祝英台爱上了梁山伯，但梁山伯却不知道祝英台是女孩子。读完书他们恋恋不舍地分开了。

几个月后，梁山伯去祝家看望祝英台，他见到了一位年轻漂亮的姑娘，这个姑娘竟然就是祝英台。回到家后，梁山伯赶忙请人到祝家去求亲，可祝英台的父母不同意，因为梁山伯家很穷，他们要把她嫁给一个有钱人。祝英台的父母不让她出门，更不让她见到梁山伯。梁山伯很伤心，生了一场大病，没多久就死去了。

听到这件事，祝英台突然同意嫁给那个有钱人，但是她有一个要求，就是要去看看

祝英台　Zhù Yīngtái　name of a person

打扮　dǎban　dress up

梁山伯　Liáng Shānbó　name of a person

恋恋不舍　liànliàn bù shě　reluctant to part from

看望　kànwàng　call on, visit

求亲　qiú qīn　make an offer of marriage

嫁　jià　marry (a man)

伤心　shāng xīn　heart-struck

梁山伯的坟墓。结婚那天，祝英台来到墓前，伤心地哭了。这时，天突然刮起了大风，下起了大雨，“轰”的一声，坟墓裂开了，祝英台跳了进去。“轰”的一声，坟墓又合上了。

这时，风和雨都停了，山上的花儿也都开了，两只美丽的蝴蝶从坟墓里飞出来。从此以后，人们常常能看到一对蝴蝶在这儿飞来飞去。人们都说，这对蝴蝶就是梁山伯和祝英台变的。

坟墓　fénmù　grave, tomb
轰　hōng　bang, boom
裂开　lièkāi　split
蝴蝶　húdié　butterfly

1 根据课文内容排列顺序

1. 梁山伯很伤心，大病后死了。
2. 祝英台跳进了梁山伯的坟墓。
3. 祝英台同意嫁给那个有钱人。
4. 在学校里，梁山伯和祝英台成了好朋友。
5. 梁山伯和祝英台变成了两只蝴蝶。
6. 祝英台的父母不同意把女儿嫁给梁山伯。
7. 祝英台打扮成男孩子去上学。
8. 梁山伯来到祝英台家，知道了祝英台是个女孩子。

正确的顺序是：____________________

2 根据课文内容回答问题

1. 祝英台为什么要打扮成男孩子去上学？

2. 毕业以后，梁山伯去祝英台家，知道了什么事？

3. 祝英台的父母为什么不同意女儿和梁山伯结婚？

4. 听到梁山伯去世的消息，祝英台为什么突然同意嫁给那个有钱人？

5. 梁山伯和祝英台最后怎样了？

3 根据课文内容，为左边的词语找到合适的解释（在词语前填上序号）

	A. 人死了以后住的地方
□ 打扮（第 4 行）	B. 特别难过
□ 恋恋不舍（第 8 行）	C. 一方希望能和另一方结婚
□ 求亲（第 13 行）	D. 不太喜欢
□ 伤心（第 16 行）	E. 身体受伤了
□ 嫁（第 18 行）	F. 女子结婚
□ 坟墓（第 20 行）	G. 为了让自己的脸和衣服更漂亮些而做的事情
	H. 不愿意分开

4 用括号中的词语改写句子

1. 梁山伯一直以为祝英台是男孩子，他不知道祝英台是个女孩子。

（把……当成……、谁知道）

梁山伯一直＿＿＿＿＿＿＿＿＿＿＿＿，＿＿＿＿＿＿＿＿＿＿＿＿＿＿＿＿＿＿

＿＿＿＿＿＿＿＿＿。

2. 梁山伯来到祝家，他发现，祝英台竟然是个漂亮的姑娘，他很高兴。

（当……的时候、高兴地）

＿＿＿＿＿＿＿＿＿＿＿＿＿＿＿＿＿＿＿＿，＿＿＿＿＿＿＿＿＿＿＿＿，祝英台竟然是个漂亮的姑娘。

5 改正下面短文中不对的地方，并把正确的句子写出来

祝英台又很聪明又很漂亮，她在学校里认识了梁山伯，他们在一起三年学习了，梁山伯一直当成祝英台是男孩子。毕业后，梁山伯去祝家看望祝英台，他看了一位漂亮的姑娘。祝英台爱梁山伯，却她的父母想把她嫁给一个有钱人。梁山伯和祝英台死后变了两只蝴蝶。

＿＿＿＿＿＿＿＿＿＿＿＿＿＿＿＿＿＿＿＿＿＿＿＿＿＿＿＿＿＿＿＿＿＿＿＿

＿＿＿＿＿＿＿＿＿＿＿＿＿＿＿＿＿＿＿＿＿＿＿＿＿＿＿＿＿＿＿＿＿＿＿＿

＿＿＿＿＿＿＿＿＿＿＿＿＿＿＿＿＿＿＿＿＿＿＿＿＿＿＿＿＿＿＿＿＿＿＿＿

＿＿＿＿＿＿＿＿＿＿＿＿＿＿＿＿＿＿＿＿＿＿＿＿＿＿＿＿＿＿＿＿＿＿＿＿

6 用下列词语造句

打扮：______________________________

伤心：______________________________

恋恋不舍：______________________________

看望：______________________________

限时阅读　女娲造人

字数：452　　阅读时间：6 分钟

传说远古时期，世界上只有一位女神，名叫女娲。虽然世界上有山岭江河，树木花草，非常美丽。但是她总觉得心里有一种说不出的寂寞。

有一天，她很寂寞地坐在河边，看着水中自己的影子。她突然明白了自己为什么会觉得寂寞，原来是世界上缺少一种像她一样的生物。想到这儿，她马上用手在河边挖了些泥土，照着自己的影子捏了起来。捏着捏着，捏成了一个小小的东西，模样与女娲差不多。捏好后往地上一放，居然活了起来。女娲一见，非常高兴，接着又捏了许多。她把这些小东西叫作"人"。他们围绕在女娲身旁，气氛一下子热闹起来，女娲不再觉得寂寞了。

女娲那寂寞的心一下子热乎起来，她想把世界变得热热闹闹的，让世界到处都有她亲手造出来的人，于是不停地工作，捏了一个又一个。但是世界毕竟太大了，她工作了许久，双手都捏得非常累了，捏出的小人分布在大地上仍然太稀少。她想这样下去不行，就从附近找来一条树枝，伸入泥水中，沾上泥浆向地上挥洒。结果泥浆也变成了一个个小人，与用手捏成的模样相似，这样速度就快多了。女娲就用这种办法让我们这个世界有了人，让这个世界充满了生机。

女娲　Nǚwā　Chinese goddess who, according to legend, created human beings and patched up the sky

影子　yǐngzi　shadow

生物　shēngwù　living creature

挖　wā　excavate, dig

泥土　nítǔ　muddy soil

捏　niē　shape, pinch

树枝　shùzhī　branch

泥浆　níjiāng　slurry, mud

挥洒　huīsǎ　spray

相似　xiāngsì　be similar

根据课文内容填空

泥浆　亲手　影子　泥土　寂寞

女神　相似　树枝　生物

女娲是中国传说中的一位_______，当时世界上没有人，她觉得很_______。有一次，她看到河里自己的_______，于是想要做一种像她一样的_______。她用_______按照自己的影子捏出了一个个人。后来，她捏得非常累，就找来一条_________，沾上_______挥洒，那些泥浆也变成了人。

2 写作

如果你就是梁山伯或者祝英台，请你讲一讲你们俩的故事。

我叫

在学校里，我认识了一个好朋友，叫

读完书以后，

3 补充阅读

一 田忌赛马

齐国有赛马的习惯。国王和大臣们家家都有很多好马，过一段时间他们就会赛一次马。

一天，孙膑看到好朋友田忌很不高兴，好像有什么心事，就问他为什么，田忌说："没什么大事，只是我最近赛马的时候总是输。我的马没有国王的好，也没有其他大臣的马跑得快。"

接着，田忌告诉孙膑，参加赛马的人先把自己的马分成上、中、下三个等级，比赛的时候，上等马对上等马，中等马对中等马，下等马对下等马。这样一共比三次，三局两胜。田忌的上等马跑不过别人的上等马，中等马也跑不过别人的中等马，下等马也没有别人的下等马跑得快。他觉得自己永远也不可能赢，所以心里很难过。明白了赛马的规则以后，孙膑告诉田忌不用着急，他有个办法可以让田忌赢。

第二天，赛马场人山人海。比赛要开始了，孙膑告诉田忌："请先用您的下等马去参加比赛。"第一场是上等马比赛，别人的马都跑得飞快，而田忌的马在后面慢慢地跑着，来看赛马的人都哈哈大笑起来，田忌心里也十分着急。接着进行第二场比赛，孙膑让田忌用自己的上等马去参加比赛，人们看到田忌的马很快超过了所有的马，很容易就赢了这一局。第三场，孙膑用田忌的中等马去和别人的下等马比赛，又赢了一局。这样，三局比赛，田忌的马赢了两局，最后田忌成了胜利者。

根据课文内容写出下列问题的答案

1. 田忌为什么不高兴？

2. 赛马的规则是怎样的？

3. 孙膑用什么办法让田忌的马获得了胜利？

二 孟母三迁

战国的时候，有一个很伟大的大学问家孟子。孟子小时候非常调皮，他的妈妈为了让他受到好的教育，花了好多的心血。起初，他们住在墓地旁边。孟子就和邻居的小孩一起学着大人跪拜、哭嚎的样子，玩儿起了办理丧事的游戏。孟子的妈妈看到了，就皱起眉头：不行！我不能让我的孩子住在这里了！

于是，孟子的妈妈就带着孟子搬家了，搬到集市旁。到了集市，孟子又和邻居的小孩儿学起商人做生意的样子。一会儿鞠躬欢迎客人，一会儿招待客人，一会儿和客人讨价还价，表演得像极了！孟子的妈妈知道了，又皱皱眉头：这个地方也不适合我的孩子居住！于是，他们又搬家了。这一次，他们搬到了学校附近。孟子开始变得守秩序、懂礼貌、喜欢读书。这个时候，孟子的妈妈很满意地点着头说："这才是我儿子应该住的地方呀！"后来，大家就用"孟母三迁"来表示人应该要接近好的人和事物，才能学习到好的习惯。

这个故事告诉我们，良好的人文环境对人的成长和生活而言是十分重要的。社会环境与一个人，特别是青少年的成长有直接的关系。孟子后来成为大学问家，与社会环境对他的熏陶感染有很大关系。

根据课文内容填空

孟子和母亲最开始是住在__________旁，孟子的妈妈发现孟子在玩儿__________的游戏，于是就带着孟子搬到了__________旁，但是她又发现，孟子又在学商人做__________，于是，她又带着孟子搬家了，这次搬到了__________旁，孟子开始变得__________。这个故事告诉我们，好的__________对人的成长很重要。

10 鲜明的个性

秧歌 yāngge

敲锣打鼓 qiāo luó dǎ gǔ

一 课文

课前思考：你见过上面这种舞蹈吗？你是在哪儿见到的？

课文一 外向的中国人

来北京之前，我觉得中国人都是比较内向和害羞的。在北京待了一年以后，我对中国人的看法完全改变了。

在我们国家，一般人不好意思在街上跳舞，因为怕别人笑话。可是北京人在街上扭秧歌时却一点儿也不害羞。扭秧歌这种舞蹈真的很特别，只有在中国北方才可以见到。一般是吃完晚饭以后，大爷大妈们都从家里出来，等人都来了以后，大妈们就排成两行，开始跟着音乐扭啊扭啊。中间有几个大

内向 nèixiàng introverted

害羞 hàixiū shy

待 dāi stay

扭 niǔ swing, sway

舞蹈 wǔdǎo dance

爷在使劲儿地敲锣打鼓，声音特别大。旁边儿有很多人在看热闹。虽然他们不是演员，但是都跳得特别认真，而且表情很严肃。这对我这个外国人来说，是特别有意思的事情。

看到这么有活力的大爷大妈，我从心里感到亲切。他们虽然年纪大了，可是还这么热爱生活。从这件事上我看到了中国人真正的性格。在扭秧歌的时候，中国人是很外向的，他们一点儿也不在乎在别人眼里自己是美是丑，只要自己高兴，就应该表达，而我觉得人们表达内心的喜悦时是最美的。

使劲儿 shǐjìnr exert all one's strength
表情 biǎoqíng (facial) expression
严肃 yánsù serious
活力 huólì vitality, vigor
亲切 qīnqiè amiable
性格 xìnggé character
在乎 zàihu care about
喜悦 xǐyuè happy

1 根据课文内容判断对错（对的画“√”，错的画“×”）

(　　) 1. 因为怕别人笑话，“我”们国家的人一般不好意思在街上跳舞。
(　　) 2. 秧歌是一种舞蹈。
(　　) 3. 在中国南方，扭秧歌很流行。
(　　) 4. 去扭秧歌的大部分都是老年人。
(　　) 5. 扭秧歌的人都是演员，跳得特别认真。
(　　) 6. “我”觉得中国人在扭秧歌的时候，是非常外向的。

2 根据课文内容选词填空

扭秧歌　在乎　丑　活力　喜悦　内向　外向　使劲儿　热爱

1. 来北京以前，我觉得中国人比较________，但看了北京人在街上________后，我的想法改变了。
2. 我觉得扭秧歌的大爷大妈很有________，非常________生活。
3. 现在我觉得中国人很________，他们不________别人的看法，只想把自己心里的________表达出来。

3 根据课文内容，为左边的词语找到合适的解释（在词语前填上序号）

	A. 里面
□ 内向（第 1 行）	B. 不漂亮，不美
□ 待（第 2 行）	C. 用力
□ 使劲儿（第 11 行）	D. 生活、住、停留
□ 看热闹（第 12 行）	E. 不笑，脸上没有表情
□ 严肃（第 13 行）	F. 爱说爱笑，容易表达内心的感情
□ 外向（第 18 行）	G. 因为觉得很热闹而在一边看，但不参加
□ 在乎（第 19 行）	H. 不爱说话，不喜欢表达内心的感情
□ 丑（第 20 行）	I. 开玩笑
□ 喜悦（第 21 行）	J. 关心
	K. 高兴

4 根据例句，用指定的词语或句式完成句子

1. 一点儿也不……

   北京人在街上扭秧歌时一点儿也不害羞。

   别人怎么看自己，他们一点儿也不在乎。

   ________________一点儿也不________________。

2. 看到……，我……

   看到这么有活力的北京大爷大妈，我从心里觉得亲切。

   看到这么有意思的舞蹈，我也想跟他们一起扭。

   看到________________，我________________。

3. 虽然……，但是……，而且……

   虽然他们不是演员，但是都跳得特别认真，而且表情很严肃。

   虽然他们年纪大了，但是还这么热爱生活，而且那么有活力。

   虽然________________，但是________________，

   而且________________。

5 用下列词语造句

使劲儿：________________________________

在乎：________________________________

性格：________________________________

内向：________________________________

严肃：________________________________

课前思考：当别人赞美你的时候，你一般怎么回答？你知道中国人这时候怎么说吗？

课文二　中国人的谦虚

一位中国篮球迷见到球星乔丹时，他可能会说："乔丹先生，见到你我真高兴，我想告诉你，你是世界上最好的篮球运动员，你真了不起。"乔丹大概会这样回答："非常感谢，在球场上每次我都尽了最大的努力。"如果一个美国人遇到了姚明——中国著名的篮球运动员，他也会说很多赞美的话。但是作为中国人，姚明可能会说："哪里，我打得还不够好，您过奖了。"这就是中国人和西方人不一样的谦虚。

谦虚是中国人的传统美德之一。中国人常常用否定自己来表示谦虚。中国人在听到别人赞美自己的长相，或夸赞自己的衣服漂亮时，往往会谦虚地说："哪里，哪里。"这时候，外国人常常怀疑自己是不是说错了。在送礼物时，中国人常谦虚地说："一点儿小东西，不太好。"不太了解中国文化的外国

赞美　zànměi　praise

过奖　guòjiǎng　overpraise

美德　měidé　virtue

否定　fǒudìng　deny

长相　zhǎngxiàng　look

怀疑　huáiyí　wonder

人不知道这是“谦虚”，他们会很奇怪：为什么要送一件自己认为“不太好”的小礼物给别人？

还有，在外国人家里做客的时候，当客人说“今天的菜非常好吃”时，主人会很高兴地表示感谢。而同样的情况下，中国人往往说：“不好，不好。”虽然他很相信自己的手艺。这就是中国的谦虚。在外国朋友看来，自己做的菜好吃，为什么不能说呢？

我觉得，从中国人的文化来看，对自己的评价往往取决于别人而不是自己。对自己的评价，自己说的是不算的，得让别人说。

做客 zuò kè be a guest

手艺 shǒuyì workmanship, skill

评价 píngjià evaluation

取决于 qǔjué yú be determined by

1 根据课文内容判断对错（对的画“√”，错的画“×”）

( ) 1. 当别人说自己漂亮时，中国人会问自己哪里漂亮。

( ) 2. 听到中国人的谦虚，外国人常常觉得自己说错了。

( ) 3. 中国人送礼物时总是觉得礼物很小，不太好。

( ) 4. “一点儿小东西，不太好”是谦虚的说法。

( ) 5. 当听到别人说自己做的菜好吃时，中国人往往会说“谢谢”。

( ) 6. 中国人觉得自己做的菜不好，所以说“不好，不好”。

( ) 7. 从中国的文化来看，对自己的评价应该让别人来说。

2 根据课文内容选词填空

自己　否定　谦虚　别人　怀疑　美德　赞美　过奖

1. 当听到别人的__________的时候，中国人说“哪里、不太好”等等，这是中国人的__________。

2. 中国人的这种谦虚，让外国人常常________自己是不是说错了。

3. 中国人之所以谦虚，是因为中国人觉得，对自己的评价不是取决于________，而是取决于________。

3 根据课文内容选择正确答案

1. 第5行“每次我都是尽了我最大的努力”的意思是：（　　）
   A. 我每次都没有努力
   B. 我每次都努力
   C. 我每次都付出所有的努力

2. 根据第11行“中国人常常用否定自己来表示谦虚”这句话，我们知道：（　　）
   A. 中国人常常自己表示谦虚
   B. 中国人说自己不好，常常是在表示谦虚
   C. 中国人觉得自己表示谦虚不好

3. 第23行“同样的情况”是指：（　　）
   A. 在外国人家里做客
   B. 客人说菜好吃
   C. 主人很高兴

4. 第28行“对自己的评价往往取决于别人而不是自己”的意思是：（　　）
   A. 中国人往往喜欢评价别人
   B. 中国人喜欢别人评价自己
   C. 别人对自己的评价才算是真正的评价

4 根据课文内容，为左边的词语找到合适的解释（在词语前填上序号）

	A. 由……决定
□ 赞美(第7行)	B. 脸的样子
□ 否定(第12行)	C. 肯定，一定
□ 长相(第13行)	D. 对人或事情的看法，好或者坏等等
□ 怀疑(第15行)	E. 用言语表达对人或事的喜爱
□ 手艺(第25行)	F. 美丽，漂亮的
□ 评价(第28行)	G. 不很相信
□ 取决于(第28行)	H. 做手工或者做饭的水平
	I. 认为不对，不同意

5 词语扩展，猜猜下列词语的意思，除了这些词，你还知道什么词，请写出来

1. ~迷：球迷、歌迷、影迷、舞迷

____

2. ~星：球星、歌星、影星、笑星

____

6 根据例句，用指定的词语或句式改写句子

1. 用……来表示……

中国人常常用否定自己来表示谦虚。

中国人表示友好的时候，常常要握手。→

____

2. 而在同样的情况下

在外国人家里做客的时候，当客人说“今天的菜非常好吃”时，主人会很高兴地表示感谢。而在同样的情况下，中国人往往说：“不好，不好。”

当别人赞美自己的时候，外国人常常用“谢谢”来表示感谢。要是中国人听到这样的话，往往要说“哪里，哪里”。→

____

____

3. 取决于……而不是……

我觉得，从中国的文化来看，对自己的评价往往取决于别人而不是自己。

我认为，决定人是否能够成功的不是运气，而是努力。→

____

课前思考：你认为中国人很容易着急还是很有耐心？为什么？

课文三　中国人的耐心

我到过世界上的很多地方，但是从没有见过哪国人像中国人这么有耐心。我从他们的日常生活中感受到了这一点。

记得有一次我准备坐火车去旅行，但是那天火车晚点了。乘客应该在下午1点出发，但不得不等到晚上7点。我有些生气，并开始向工作人员抱怨，但其他乘客都坐在那里安静地等待，有些人已经开始在椅子上睡觉了，没有一个人去问到底怎么回事儿。就当我想过去退票的时候，其中一名乘客叫住我："喂，朋友，你最好再等一会儿，火车可能很快就来了。"这样的事情如果发生在我们国家，整个火车站有可能会被人们的怒火"点着"了：到处是乘客的抱怨，甚至还会有一些人去和火车站的工作人员吵架。

有一天，我和几个朋友去餐厅，里面已经有许多人。我们坐下来点了菜，但后来服务员把我们忘记了，等了很长时间，甚至比我们晚到的顾客都吃上了，我们的菜还没有上。朋友叫来了餐厅经理，经理向我们道了歉。当我建议去另一家餐厅吃饭时，朋友们让我坐下来再等一会儿。这事如果发生在我们那儿，顾客早就跟经理吵起来了，并且再也不会来这家餐厅吃饭了。但那天，我们一直等着，而且没有人生气。

耐心　nàixīn　patience
日常　rìcháng　daily
乘客　chéngkè　passenger
抱怨　bàoyuàn　complain
退　tuì　return
怒火　nùhuǒ　anger
甚至　shènzhì　even
吵架　chǎojià　quarrel
顾客　gùkè　customer
道歉　dào qiàn　apologize
建议　jiànyì　suggest

中国人相信任何事都应该“慢慢来，别着急”。中国人常常说“慢走、慢慢吃、慢慢学”，在我看来，这些是鼓励你在做事情时要有耐心，而这种耐心在很多国家是看不到的。

鼓励 gǔlì encourage

1 根据课文内容判断对错（对的画“√”，错的画“×”）

(　　) 1. 为了说明中国人的耐心，作者说了两件事情。

(　　) 2. 我准备坐火车去旅行，但是那天火车来得晚了一点儿。

(　　) 3. 在火车站等待的时候，很多人去和火车站的工作人员吵架。

(　　) 4. 和朋友相比，“我”是一个没有耐心的人。

(　　) 5. 中国人常说“慢走、慢慢吃、慢慢学”，是因为他们有很多时间。

2 根据课文内容填空

怒火　退票　等待　抱怨　晚点　生气　吵架

我要坐火车旅行，但是火车_______了，我有些生气，去向工作人员_______，而且要_______，但一名乘客劝我再等等。要是这样的情况发生在我们国家，乘客们肯定会跟工作人员抱怨，甚至去_______。

3 根据课文内容选择正确答案

1. 第1行“从没有见过”中“从”的意思是：（　　）

A. 从来　　B. 从前　　C. 时间不长

2. 第6行“不得不等到晚上7点”的意思是：（　　）

A. 不愿意等到晚上七点

B. 只好等到晚上七点

C. 没有等到晚上七点

3. 第13行“整个火车站有可能会被人们的怒火‘点着’了”，这句话的意思是：（　　）

A. 火车站着火了

B. 等车的乘客很生气

C. 火车站里非常热

4. 第 2 行“我从他们的日常生活中感受到了这一点”的意思是：（　　）

A. 我一点儿也不喜欢他们的日常生活

B. 我从他们的日常生活中感到了中国人的耐心

C. 我从他们的日常生活中感受到了一点儿

4 根据课文内容，为左边的词语找到合适的解释（在词语前填上序号）

	A. 说“对不起”
□ 日常（第 3 行）	B. 小声地说话
□ 抱怨（第 7 行）	C. 平时的，每天的
□ 退（第 10 行）	D. 让别人努力
□ 吵架（第 15 行）	E. 还、不要了
□ 道歉（第 20 行）	F. 说出自己的想法
□ 建议（第 21 行）	G. 因心里不满意而说出来
□ 鼓励（第 28 行）	H. 离开
	I. 因双方意见不一样而大声地生气地说话

5 词语扩展。说说下面这几个词是什么意思，除了这些，你还知道哪些词，请写下来

~客：游客、旅客、房客、食客、看客、黑客

____

6 在前面的课文中，我们学过很多跟性格有关的词语，把它们找出来。除了这些，你还知道哪些词，请写下来

耐心、______________________________

7 根据例句，用指定的词语或句式完成句子

1. 从没有 V 过

我到过世界上的很多地方，但是从没有见过哪国人像中国人这么有耐心。

我从没有见过扭秧歌这么有意思的舞蹈。

我吃过很多中国菜，但是______________________________。

北京语言大学对外汉语
教材研发中心规划项目

进 阶 式 对 外 汉 语 系 列 教 材
A SERIES OF PROGRESSIVE CHINESE TEXTBOOKS FOR FOREIGNERS

成功之路
ROAD TO SUCCESS

1

进步篇 · 读和写
UPPER ELEMENTARY
Reading and Writing

部分练习参考答案
KEY TO SOME EXERCISES

ROAD TO SUCCESS
A SERIES OF PROGRESSIVE CHINESE TEXTBOOKS FOR FOREIGNERS

北京语言大学出版社
BEIJING LANGUAGE AND CULTURE UNIVERSITY PRESS

1 爱上汉语

课文一 我想去北京

练习 1

× √ × √ ×

练习 2

1. (1) 从老师的谈话中
   (2) 从课本上的课文中
2. (1) 很漂亮
   (2) 文化很丰富
   (3) 很多名胜古迹

练习 3

G D J I B H E A

练习 4

1. 我是去年九月来到中国的。
2. 我一直很希望能到北京去看看故宫、长城、颐和园。
3. 我第一次见到她就喜欢上了她。

课文二 我得到了奖学金

练习 1

1. 成绩，奖学金，北京
2. 担心，难，放心

练习 2

1. 我得到了去北京学习的奖学金；我一个人在北京生活太难
2. 去北京学习汉语

练习 3

F　C　A　I　H　B　E

练习 5

我 1985 年出生，今年 23 岁。我是今年二月刚刚来到中国的。来中国以前，我在大学里学过一年汉语。最近我认识了一位中国朋友，我一见到他就喜欢上了他，我想这个周末跟他一起去长城玩儿玩儿。

课文三　“哭”和“笑”两个字让我爱上了汉语

练习 1

×　×　×　×

练习 2

历史文化，网站，电子邮件，回信，中国姑娘，

汉字，猜，答案，感兴趣

练习 3

G　E　I　H　K　D　A　C　J

练习 4

1. 我对这个人的情况一无所知。

2. 在书店里，我一本关于中国历史、文化的书也没有找到。

补充阅读一　我也是“名胜古迹”

√　×　×　√　×

补充阅读二　法国华裔的中国情

1. 我的样子和习惯像中国人，但我的想法像法国人。

2. 因为我的法国同学都不用学汉语。

3. 他们认为，我是中国人，必须学习自己的语言。

2 汉语的特点

课文一 我可以吻你一下吗

练习 1

√ × × × √

练习 2

1. 发音，闹笑话
2. 问路，吻
3. 语言学院，学院，医院，海淀医院
4. 司机，敢，明白

练习 3

H F D K C J A B G

练习 4

1. C 2. B 3. A 4. C

练习 6

我刚来中国的时候，发音不太好，常常把“吃饭”说成“七饭”，别人常常听不懂我说什么。出门的时候，我也很少坐公共汽车，我常常打的，但是司机说的话我也常常听不懂。

课文二 外来词

练习 1

× × × ×

练习 2

1. NBA，UFO
2. 克隆，咖啡，麦当劳
3. 可口可乐，奔驰
4. 啤酒

练习 3

1. D　　2. E　　3. F　　4. B　　5. C　　6. A

课文三　儿化词

练习 1

√　×　√　√

练习 2

1. 改变，一样，老板

2. 小，可爱

补充阅读一　声调趣事

1. 声调

2. 被子，杯子

3. 枕头，针头，药店

补充阅读二　标点符号的故事

1. 老师，小气，舍不得

2. 合同

3. 素菜，肉，学费

4. 标点符号

3 话说汉字

课文一　象形字和会意字

练习 1

象形字：日，月，火，木，山，雨

会意字：明，休，见

练习 2

象形字：网，田，鱼，水

会意字：从，看，森，男，家，泪，灾，采

练习 3

F　I　H　C　E　A

课文二 形声字

练习 1

√　×　×　×　×

练习 2

1. 形旁，声旁

2. 手，tai

3. 心，nu，努

4. 疒，留

练习 3

F　D　A　C

课文三 姓万

练习 1

×　×　√　√

练习 2

简单，教，聪明，请柬，大半天，着急，催

练习 3

1. B　2. C　3. A　4. C　5. C

练习 4

I　E　G　D　H　B　C

练习 5

1. 简单得很

2. 谁知道儿子写了大半天还没写完

谜语

十，百，明

补充阅读一 中国银行

练习 1

× √ × ×

练习 2

1. 友好，热情，谦虚，

2. 中国很行，了不起

3. 银，很，读音

补充阅读二 能治病的汉字

× × √ × √ √

4 中华饮食

课文一 饺子

练习 1

× √ √ √ √

练习 2

1. 吉祥，皮儿，团圆，元宝

2. 冬至，耳朵，医生，穷人，去世

练习 3

1. DBAC　2. C　3. A

练习 4

E　A　J　D　G　C　F　H

练习 5

1. D　2. B　3. A　4. F　5. E　6. C

课文二　鱼香肉丝的故事

练习 1

1. A　　2. A

课文三　聚餐和分餐

练习 1

1. B　　2. A　　3. A　　4. A　　5. B

练习 2

1. 卫生，热闹，团圆，接受

2. 距离，交流

练习 3

1. 因为外国客人比较多，他们不太习惯聚餐的方式

2. 她是导游，需要常常在外面吃饭，分餐制比较卫生。

练习 4

I　　G　　E　　A　　C　　F　　H

补充阅读一　吃醋

×　√　√　×　√

补充阅读二　中国人和茶

1. A　　2. C　　3. ABD

5 言语表达

课文一 方言和普通话

练习 1

√ × × √

练习 2

1. 快，儿话音
2. 书面语言，意思，发音
3. 普通话，教育，电视广播

练习 3

1. C　　2. C　　3. B　　4. A

练习 4

F　B　E　H　D　A

课文二 中国人使用的模糊词语

练习 1

√ √ × ×

练习 2

BDCA

练习 3

看法，模糊，真实

练习 4

1. A　　2. C　　3. A　　4. B　　5. B

练习 5

E　F　H　G　C　B

练习 6

1. 比“凑合”更糟一点儿的情况，人们用“不太好”。
2. 我刚来中国时，听到有人问我“吃了吗”，便认为他要请我吃饭。

课文三 打招呼

练习 1

√ √ × ×

练习 2

1. 吃了吗，打招呼，回答，邀请

2. 生气，没有钱

3. 你好，熟人

练习 3

1. A　2. B　3. C　4. A　5. B

练习 4

H　A　E　D　F　C

练习 7

我以前学过一年的汉语，可来到中国以后，我还是听不懂中国人说的话。听到有人问我“吃了吗?”，我便认为他要请我去吃饭。中国人还爱用模糊词语，常听到的有“还行”还有“差不多”。

补充阅读一 中国人的称呼

李教授，张大夫，东华，王阿姨，大哥，李小姐，小王

补充阅读二 打招呼的新变化

时　间	打招呼的方式	原　因
20 世纪 80 年代初期	吃了没有？	物质短缺，生活单调
20 世纪 80 年代中期	今天看什么节目了没有？	家里有了电视
20 世纪 90 年代中期	搬家了吗？	住房改革
21 世纪	最近在哪儿发财？ HELLO	市场经济的发展 英语的普及

6 老年生活

课文一 老年时尚

练习 1

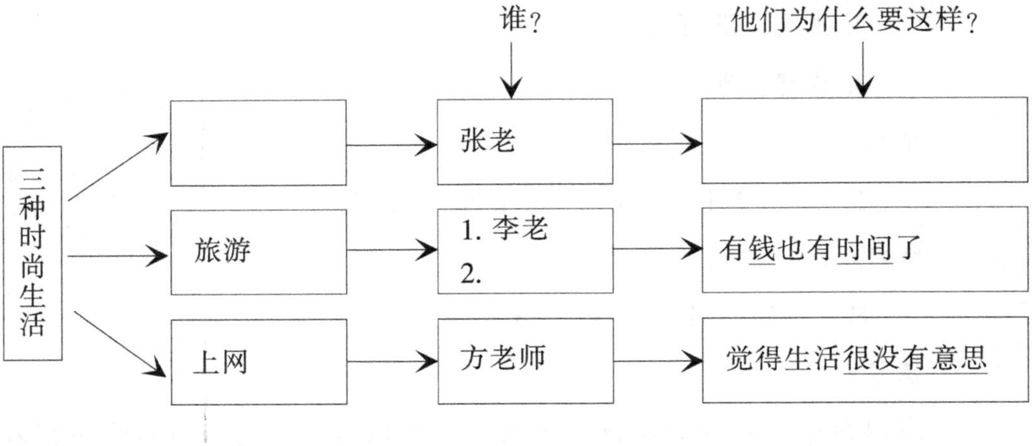

练习 2

1. B　　2. B　　3. AB

练习 3

1. 玩游戏、看新闻、发电子邮件
2. 孩子们都长大了，又有钱又有时间了。
3. 这个网站主要是为了让老人能像孩子（年轻人）那样快乐；老小孩是指那些像孩子一样喜欢玩闹，比较任性的老人。

练习 4

J　B　H　C　G　E　D　I

练习 5

1. 哪儿风景漂亮就去哪儿旅游。
2. 什么语言容易就学什么语言。
3. 怎么便宜就怎么去。
4. 谁努力老师就喜欢谁。

课文二 老年人拍婚纱照

练习 1

√ × √ × √

练习 2

1. 纪念日，老板，照相馆

2. 化妆

3. 古典，唐装，旗袍，时尚，婚纱，西服

练习 3

1. 结婚的时候没有拍结婚照。

2. 结婚的时候没有钱。

3. 不好意思拍。

练习 4

H E A C D F

课文三 老大学生

练习 1

√ × × × √ √

练习 2

高考，汪爷爷，专业英文杂志，耳朵，座位

练习 3

1. 高考是中国大学的入学考试。

2. 班上的同学都叫他“汪爷爷”。

3. 背单词，读课文。

4. 英文不太好，为此他特别努力学习英文；他的耳朵不太好，上课时就坐在靠前的座位上。

5. 回自己原来工作过的医院，免费给人看病。

练习 4

D A B G I E H

补充阅读一 “空巢综合症”

1. 子女不在身边，老人容易产生失落感、孤独感、不安全感。

2. 子女成人离家，有的配偶去世。

3. 心情郁闷，对生活兴趣冷漠，对晚年生活缺少自信和激情。

补充阅读二 中国的老年人

× √ √ × √

7 网络人生

课文一 中国人的网络生活

练习 1

√ √ √ √ ×

练习 2

1. a）新闻　b）音乐　c）游戏

2. a）浏览新闻　b）下载音乐和电影　c）玩游戏
   d）聊天　e）网上购物

3. 担心受骗。

练习 3

1. B　2. A　3. C　4. B

练习 4

E　D　G　I　H　A　B　C

课文二 QQ 生活

练习 1

√ √ × √ √

练习 2

1. 信息，联系，压力

2. 同学，同事，沉默，精神，上班族，人际交往，心理调节

练习 3

1. C　　2. A　　3. C　　4. C　　5. C　　6. C

练习 4

E　B　A　C　I　G　F

课文三　网恋

练习 1

√　√　×　√　×　×

练习 2

1. 感情，网友，网恋

2. 成功率，失望，后悔，见光死，精神交流

练习 3

1. B　　2. A　　3. C　　4. A　　5. A　　6. C　　7. B　　8. C

练习 4

I　B　F　H　E　A　J　K　D

限时阅读　网瘾

1. A　　2. B　　3. C

补充阅读一　街头小店流行网上"安家"

1. 大多数是 20–30 岁之间的年轻人。

2. 省去了房租和人工，成本低；基本不会有库存和积压，不需要占用资金；面向全国的消费者。

3. 要维持良好的信用。

补充阅读二 网民普及率

性别	男性	9.7%
	女性	7.3%
年龄	18 至 24 岁	28.6%
	40 至 50 岁 和 18 岁以下	5%
学历	大专以上	84.8%
	高中以下	1.8%

8 传统节日

课文一 春节

练习 1

× √ √ × ×

练习 2

1. 团圆
2. 年货，除夕，年夜饭
3. 鞭炮，饺子
4. 初一，拜年，压岁钱
5. 春联，福字

练习 3

1. 年夜饭是除夕夜和家人一起吃的晚餐。
2. 都是亲人团圆的节日。
3. “过年好” “新年好”
4. 表示“福到了”。

练习 4

H　　D　　G　　C　　F　　A

练习 6

新年终于到了，爷爷让我把“福”字贴在门上。晚上，全家人一起包饺子，我们常常把硬币包在馅儿里，吃到的人就是幸运的人。第二天早上，我还要出门给邻居、同事、朋友拜年。

课文二　春节的新变化

练习 1

×　×　√　√

练习 2

1. 家，饭店

2. 旅游，体育馆

3. 四，发短信、打电话、上门拜年、网上拜年

练习 3

1. A　　2. B　　3. B　　4. C

练习 4

预报，预感，预习，预赛，预知

课文三　中秋节

练习 1

C　F　E　A　B　D

4　2　3　6　1　5

练习 2

1. 太阳，神仙，感谢

2. 妻子

3. 逼，月亮

4. 纪念，平安

练习 3

1. 他射下了九个太阳，让地球变得很舒服。

2. 他舍不得离开妻子嫦娥。

3. 她不愿意把药给那个坏人，但又没有别的办法，只好吃下了药。

4. 祝愿嫦娥平安。

练习 4

C　F　E　B　G　I　D

限时阅读 元宵节

1. 正月十五，灯节

2. 元宵，团圆

3. 彩灯，交朋友

补充阅读一 红色的中国年

√　√　√　×　√

补充阅读二 春节联欢晚会

√　√　√　√　×

9 古代故事

课文一 牛郎织女

练习 1

2　5　1　4　6　3

练习 2

1. 老人

2. 衣服，湖

3. 牛皮，织女，王母娘娘，银河

4. 鹊桥

5. 七夕节，情人节

练习 3

1. B　　2. C　　3. C　　4. A

练习 4

B　　G　　D　　A　　H　　F

练习 5

1. 我们这次考试谁考得最好谁请客。

2. 听了这句话以后，她笑个不停。

3. 他说什么也不同意我们的建议。

练习 6

牛郎听老人说，他拿走谁的衣服，就能跟谁结婚。牛郎和织女结婚后，生活得很快乐。一天，牛郎回家后看到两个孩子哭个不停，就到天上去找织女，但是他们却不能和对方见面。

课文二 塞翁失马

练习 1

4　3　1　2

练习 2

难过，福气，祝贺，麻烦，儿子，打仗

练习 3

1. 两件好事和两件坏事。

2. 他觉得这可能会带来什么麻烦。

练习 4

F　　I　　H　　C　　B　　E　　A

课文三 梁山伯与祝英台

练习 1

7 4 8 6 1 3 2 5

练习 2

1. 因为那个时候女孩子是不能去学校读书的。
2. 知道了祝英台是个漂亮的姑娘。
3. 因为梁山伯家很穷。
4. 她想要去梁山伯的墓，并在那里自杀。
5. 他们变成了一对蝴蝶。

练习 3

G H C B F A

练习 4

1. 把祝英台当成男孩，谁知道她是个女孩儿。
2. 当梁山伯来到祝家的时候，他高兴地发现

练习 5

祝英台又聪明又漂亮，她在学校里认识了梁山伯，他们在一起学习了三年，梁山伯一直把祝英台当成是男孩。毕业后，梁山伯去祝家看望祝英台，他看到了一位漂亮的姑娘。祝英台爱梁山伯，她的父母却想把她嫁给一个有钱人。梁山伯和祝英台死后变成了两只蝴蝶。

限时阅读 女娲造人

女神，寂寞，影子，生物，泥土，树枝，泥浆

补充阅读一 田忌赛马

1. 因为他最近赛马总是输。
2. 参加赛马的人先把自己的马分成上、中、下三个等级，比赛的时候，上等马对上等马，中等马对中等马，下等马对下等马。这样一共比三次，三局两胜。

3. 他用下等马和别人的上等马比赛，上等马和别人的中等马比赛，中等马和别人的下等马比赛，赢了两局比赛。

补充阅读二 孟母三迁

墓地，办理丧事，集市，生意，学校，守秩序、懂礼貌、喜欢读书，环境

10 鲜明的个性

课文一 外向的中国人

练习 1

√ √ × √ × √

练习 2

1. 内向，扭秧歌
2. 活力，热爱
3. 外向，在乎，喜悦

练习 3

H D C G E F J B K

课文二 中国人的谦虚

练习 1

× √ × √ × × √

练习 2

1. 赞美，谦虚
2. 怀疑
3. 自己，别人

练习3

1. C　　2. B　　3. B　　4. C

练习4

E　I　B　G　H　D　A

练习6

1. 中国人常常用握手来表示友好。

2. 而同样的情况下，中国人往往说："不好，不好。"

3. 我认为，能否成功取决于努力而不是运气。

课文三　中国人的耐心

练习1

√　×　×　√　×

练习2

晚点，抱怨，退票，吵架

练习3

1. A　　2. B　　3. B　　4. B　　5. B

练习4

C　G　E　I　A　F　D

限时阅读　中国人的含蓄

1. 内向，情感

2. 含蓄，直接，行为，语言

3. 接触，子女

补充阅读一　谦虚其实是种礼仪

1. 中国人很虚伪；中国人对自己没有信心。

2. 往往取决于别人的评价而不是自己。

3. 意思是人最重要的是谦虚，知道自己的短处才是最可贵的。

4. 做一个任务的时候，竭尽全力去完成。

补充阅读二 慢点儿

× √ × √ √

懒，修车，想法，关心，温暖

11 青年生活

课文一 手机族

练习 1

李小姐：AF

陈小姐：DEG

许小姐：C

练习 2

1. 手机族，玩具，功能
2. 短信，孤独，冷漠，难受

练习 3

1. B 2. C 3. C 4. B 5. B 6. C

练习 4

I J H C B F D G

练习 5

1. 尽管手机的价钱并不便宜，但李小姐还是常常换手机。
2. 这款手机看上去很漂亮，用起来不太方便。
3. 现在的手机不仅可以打电话、发短信，而且还能听音乐、拍照片等等。

课文二 月光族

练习 1

√ × × × × √ √

练习 2

1. 房租，生活费，酒吧

2. 经理，分期付款，笔记本电脑，首付，妈妈

3. 储蓄，信用卡，盲目

练习 3

1. A　　2. B　　3. C　　4. B　　5. B　　6. A

练习 4

E　G　I　C　A　F　B　H

课文三　“负翁”

练习 1

是否贷款买房	是		否	
	85%		15%的人	
房贷月供占总收入的百分比				
		52%		8%
对生活的影响				
	27%	5%	28%	32%

练习 2

1. ABCE　　2. ACEF　　3. C　　4. C　　5. A

练习 3

B　G　J　F　A　H　C　E

练习 4

1. 我们班的学生，年龄在 18 岁到 40 岁之间。

2. 我每个月的钱主要用于交房租和学费。

3. 全校学生有一百人，其中男生占 60%，女生占 40%。

4. 他要自己开公司，为此他从银行贷了很多款。

5. 虽然他和哥哥长得一样，但性格完全不同。

限时阅读 啃老族

练习 1

第一段的主要意思：A

第二段的主要意思：B

第三段的主要意思：G

第四段的主要意思：F

练习 2

养儿防老，老养小，啃老族，NEET，社区学校，培训，观念

补充阅读一 “卡奴”

√ × √ × × √

补充阅读二 中国年轻人享受“光棍节”

1. 光棍节是 11 月 11 日。它是没结婚的年轻人的节日。
2. 送玫瑰；乘坐 11 路公交车；聚在一起喝酒、唱歌。
3. 以前为自己不会谈恋爱而害羞，现在都自豪地认为自己享受着更自由的生活。

12 幸福婚姻

课文一 婚礼进行曲（一）

练习 1

× √ √ √

练习 2

1. 恋爱

2. 婚期，酒店，婚宴

3. 吉祥年，结婚热

4. 着急

5. 取消

练习 3

1. BDE　　2. B　　3. C　　4. A

练习 4

H　　C　　G　　F　　D　　A

练习 5

1. 我看过的那几个房子，不是环境很差，就是交通不方便。

2. 他们刚大学毕业就结婚了。

课文二　婚礼进行曲（二）

练习 1

1. 婚庆公司，新人，家里，酒店

2. 档次

3. 影楼，婚纱照，费用

4. 浪漫，忙乱，摇滚乐，婚礼进行曲

练习 2

1. C　　2. A　　3. A　　4. B　　5. B

练习 3

G　　A　　F　　C　　D

练习 4

1. 由于今年要结婚的人太多了，所以所有的婚车都已经被订出去了。

2. 婚车是订上了，但不是张先生想要的豪华车。

3. 这次婚礼花了很多钱，光订婚宴就花了差不多两万元。

4. 一桌婚宴的费用由900元涨到了1580元。

5. 他们本来以为准备婚礼是很轻松的事情，可是现在看来，准备婚礼是一件非常麻烦的事情。

课文三 父母相亲会

练习 1

× √ × × ×

练习 2

男朋友，选择，老伴，缘分，瞒着，对象

练习 3

1. C　2. B　3. B　4. C　5. A　6. A

练习 4

B　G　D　J　F　A　E　H

补充阅读一 未来的婚姻发展

1. 如果我们一生都不结婚，也没有人会批评我们的生活方式。

2. 会更为平等，平等地分担家务，也平等地承担经济责任。

3. 夫妻两人通过协商和平离婚。

4. 对于离婚女性的歧视日益减少，更易于开始自己的新生活。

补充阅读二 征婚广告

	甲	乙
婚姻情况	未婚	未婚
学　历	本科	
工　作	公司职员	公司经理
性　格	活泼、热情、开朗	真诚善良
爱　好	聊天、逛街；喜欢做家务；看杂志、上网；运动	
对对方的要求	成熟稳重、有爱心、有幽默感	性格温柔贤惠、身材苗条、美丽大方

责任编辑：程洲 / 封面设计：张静

ROAD TO SUCCESS
A SERIES OF PROGRESSIVE CHINESE
TEXTBOOKS FOR FOREIGNERS

2. 如果……，有可能会……

这样的事情如果发生在我们国家，整个火车站有可能会被人们的怒火“点着”了。

在我们国家，如果有人在街上跳舞，别人有可能会笑话他。

如果我等了一个小时菜还没有来，______________________________。

8 用下列词语造句

抱怨：______________________________

甚至：______________________________

道歉：______________________________

鼓励：______________________________

吵架：______________________________

限时阅读 中国人的含蓄

字数：398 阅读时间：5 分钟

在很多外国人眼中，中国人往往是很内向、很安静的，很少表现自己的情感。可能是受传统文化的影响，中国人表达感情的方式普遍比较含蓄。与西方人不同，他们更习惯于通过行为间接地表达自己的感情，而很少用语言直接说出来，觉得感情是无须用语言来表达的。

一般来说，人们很少听到父母对孩子说“我爱你”或“我想念你”。中国人喜欢采取间接的方式，表达自己对孩子深深的爱。比如，为孩子缝补衣服或做他最喜欢吃的菜等。父母也不太习惯通过身体的接触，如用拥抱或亲吻来表达对子女的关心，特别是对已经长大的子女。

“慈母手中线，游子身上衣。临行密密缝，意恐迟迟归。谁言寸草心，报得三春晖。”这是中国著名的唐诗《游子吟》，诗中饱含着母爱，感情诚挚深切。我们不难发现，这首诗通过母亲为将要出门的孩子缝补衣服的形象，让我们强烈感受到母爱的厚重与真挚。这其实也反映了中国人对于爱的理解：爱不是说出来的，而是通过关爱的行动含蓄地表现出来的。

- 含蓄 hánxù reserved
- 行为 xíngwéi action
- 间接 jiànjiē indirect
- 直接 zhíjiē direct
- 缝补 féngbǔ sew and mend
- 拥抱 yōngbào embrace
- 亲吻 qīnwěn kiss
- 母爱 mǔ'ài mother's love
- 诚挚 chéngzhì sincere
- 反映 fǎnyìng reflect

根据课文内容填空

接触　内向　缝补　直接　情感

行为　语言　子女　含蓄　表达

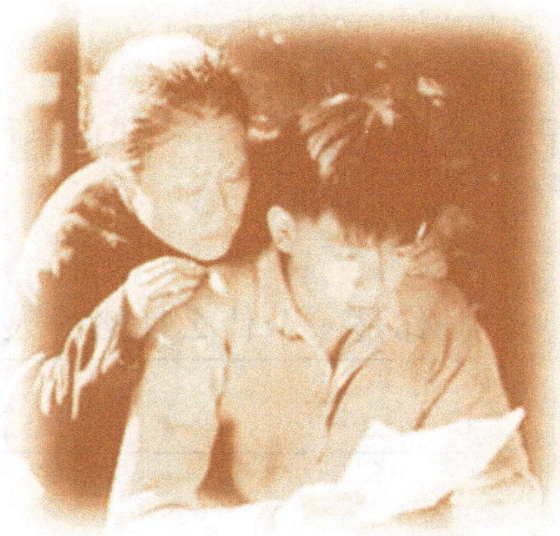

1. 外国人觉得中国人很_______，不太表现自己的_______。
2. 中国人表达感情比较_______，很少_______地说出来，总是间接地通过_______表达，他们觉得感情是不需要用_______表达的。
3. 中国的父母不太习惯通过身体的_______来表达对_______的关心。

2 写作

两人一组，回答下列问题，然后把答案写下来

1. 你是一个什么性格的人？（用至少三个词语来形容）

2. 你喜欢什么性格的人？不喜欢什么性格的人？

3. 你觉得人们结婚的时候，应该找一个性格跟自己一样的人，还是应该找一个性格跟自己不一样的人？为什么？

4. 你怎么看待中国人的谦虚？

3 补充阅读

一、谦虚其实是种礼仪

中国人常常很谦虚，对于中国人的谦虚，外国人往往很难理解。由于中西文化的背景不同，对人的评价也不同，所以，对某一个文化现象的理解也当然不同了。如果从西方的文化背景来看，就很难理解中国人的谦虚了。对中国人的谦虚，至少有下面一些观点：一是中国人是不是很虚伪呢？怎么老是在说谎话呢？二是中国人对自己没有信心。

但我觉得，中国人的谦虚是需要的。从中国的文化来看，对一个人的评价往往取决于别人而不是自己。从"是非曲直，自有后人评说"这句话就可以看出，对人的评价，自己说了是不算的，还得别人说才有价值。中国还有一句古话："人贵有自知之明。"这句话在中国文化中，意思是人最重要的是谦虚，知道自己的短处才是最可贵的。中国人自古受的教育是"谦受益，满招损"。所以中国人的"谦虚"也往往和向他人学习联系在一起，只有消除自我满足的心理，不断地向他人学习，才可以使自己不断进步。

谦虚是不是就没有信心了？我认为不是的。谦虚是一种礼仪，是一种交往上的礼节，而信心是相信自己的愿望或预料一定能够实现的心理。比如，当中国人在接受某一个任务时，往往会说："让我试试看。""试试"从表面上来看，的确是够没有信心了，但当他真正从事这一任务时，就会竭尽全力去完成，并且会有一股"不到黄河心不死"的勇气，非要把任务完成不可！

根据课文内容写出下列问题的答案

1. "我"认为，对于中国人的谦虚有哪些错误的观点？

2. 在中国文化中，对人的评价是由什么决定的？

3. "人贵有自知之明"的意思是什么？

4. "不到黄河心不死"的意思是什么？

二 慢点儿

在我们国家，人们最爱说的话是："快点儿！快点儿！"可是，来到中国不久，我就发现，很少有人说"快点儿"，经常听到的却是"慢点儿"。我感到奇怪，也不理解。我认为"慢"就是"懒"，心想：这儿的人怎么这么懒呢！

后来发生的一件事改变了我的想法。

那是去年冬天，一个中国朋友打电话叫我去他家玩儿。放下电话我就急急忙忙骑自行车去了。可是，快到他家的时候，自行车出了毛病。幸亏附近有一家修车铺。我对修车的人说："师傅，我的自行车坏了，快给我修修。"修车的师傅过来看了看车，拿起工具，仔仔细细地检查起来。他的工作又慢又细，我一看他那慢腾腾的样子，又着急起来："你怎么这么慢，快点儿不行吗？"他看我生气的样子，就对我说："你是想让我把你的车修好，还是想让我马马虎虎地快点儿修？"我这才明白他的意思，不再催他了，而且也学着北京人的腔调说了句："好吧，您就慢慢来吧！"他把车修好以后，又仔细检查了一下其他部件，然后才满意地对我说："好了！下雪了，路滑，要慢点儿骑！"听了师傅的这句话，我心里立刻感到暖暖的。

后来，我还经常听到"慢走！""慢慢来，别着急！"等亲切的话。我终于明白了，"慢"不是"懒"的意思，而是包含着对别人的关心和爱护。

1 根据课文内容判断对错（对的画"√"，错的画"×"）

(　　) 1."我"国的人和中国人很像，也常常说"慢点儿"。
(　　) 2."我"以前觉得中国人说"慢点儿"反映出中国人很懒。
(　　) 3. 看到那个修车师傅慢腾腾的样子，我一点儿也不着急。
(　　) 4. 现在我觉得中国人的"慢点儿"很亲切。
(　　) 5. 修车师傅的话让我理解了中国人的"慢点儿"。

2 根据课文内容填空

以前，我觉得"慢"就是______的意思。后来，一个______师傅的话改变了我的______，我明白了，"慢"包含着对别人的______和爱护，现在我觉得这样的话很______。

11 青年生活

课文

课前思考：如果你打算买一部新的手机，请问你打算买什么样的？完成下面的调查问卷。

手机问卷调查表

1. 请问您在购买手机时，最看中以下哪一点：
   □品牌　□价格　□样子　□功能　□待机时间　□售后服务　□其他：______

2. 请问您打算购买何种品牌的手机：
   □Nokia　□Motorola　□Sony Ericsson　□Panasonic　□Samsung　□Siemens
   □BenQ　□LG　□Philips　□SANYO　□SHARP　□其他：______

3. 您希望购买的手机的价格在：
   □800 元以下　□800~1500 元　□1500~3000 元　□3000 元以上

4. 请问您喜欢何种外观设计：
   □翻盖　□直板　□滑盖　□其他：______

5. 在手机的众多功能中，您最看中哪一点：
   □拍照　□摄像　□录音　□游戏　□mp3　□上网　□电子词典　□FM 收音机　□其他：______

6. 您购买新手机的原因：
   □生活需要　□现有手机样子太旧　□现有手机功能太少　□其他：______

7. 请问您平均多久换一次手机：
   □1~2 年　□2~3 年　□3 年以上　□没有换过

感谢您的填写！

课文一　手机族

随着手机在现代人生活中越来越普及，一些“手机族”也开始出现。

李小姐工作还不满一年，但她过几个月就要换一个手机。她现在的手机是一款黑色的摩托罗拉手机，这种手机非常薄，看上去非常特别。而她以前用的三星、诺基亚等手机也都是刚出的新款，样子看上去也是八成新。李小姐却说：“原来的手机已经用腻了。”尽管新款手机价格至少都在 3000 元以上，相当于李小姐一个月的工资，但这并不影响李小姐对新款手机的狂热。

陈小姐是大学的学生，对她来说，手机是“玩具”。哪款手机 mp3 效果最好，哪款拍照手机照相最清楚，哪款手机有了新功能，她一定要第一时间买来“玩儿”，而过段时间玩儿腻了就把旧手机随便送给同学。

随着越来越多的年轻人通过手机短信联络，他们也变得更加冷漠、孤独，对周围的事情不关心，而一旦没有了这些电子产品，就会很难受。

“记得上回我丢了手机，好几天都不习惯，突然觉得什么都没有了，好像跟外边没有了联系。”许小姐说，自己喜欢在公共汽车上给朋友和家人发短信，手机丢了以后，她坐公共汽车时，手都不知道该往哪里放。另外，没有短信以前，还常给朋友们打打电话、问问好，自从有了短信后，她发现自己越来越不会说话了。

普及　pǔjí　popularize

族　zú　class or group of things or people with common features

款　kuǎn　style, kind

薄　báo　thin

腻　nì　be bored with

狂热　kuángrè　fever

玩具　wánjù　toy

功能　gōngnéng　function

联络　liánluò　contact

冷漠　lěngmò　indifferent

一旦　yídàn　once

电子产品　diànzǐ chǎnpǐn　electronic product

1 根据课文内容连线

	A. 常常换手机
李小姐	B. 月工资 3000 元
	C. 喜欢给朋友和家人发短信
陈小姐	D. 喜欢手机的各种新功能
	E. 大学学生
许小姐	F. 刚刚工作
	G. 把旧手机送给同学

2 根据课文内容填空

手机族　难受　普及　功能　冷漠　玩具　狂热　短信　孤独　一旦

1. 那些喜欢手机、离不开手机的年轻人被叫做__________。陈小姐就是其中的一个，对于她来说，手机就是__________，她特别关心手机的__________，每次新上市的手机，她都一定买来“玩儿”。
2. 越来越多的年轻人用__________联系，这也带来了很多问题，他们往往会变得很__________和__________。如果没有手机在身边，他们会觉得很__________。

3 根据课文内容选择正确答案

1. 第 3 行“工作还不满一年”的意思是：（　　）
   A. 已经工作一年多了
   B. 工作还不到一年
   C. 工作不到一年就辞职了

2. 第 7 行“样子看上去也是八成新”的意思是：（　　）
   A. 样子看起来不太新
   B. 样子看起来成了新的
   C. 样子看起来还比较新

3. 第 8 行“原来的手机已经用腻了”这句话的意思是：原来的手机已经（　　）
   A. 用坏了
   B. 已经旧了
   C. 不想再用了

4. 第 9 行“尽管新款手机价格至少都在 3000 元以上，相当于李小姐一个月的工资。”这句话的意思是：这些新款手机的价格（　　）

A. 是李小姐一个月的工资

B. 和李小姐一个月的工资差不多

C. 比李小姐一个月的工资还要多

5. 第 15 行“她一定要第一时间买来‘玩儿’”。这句话的意思是：她一定要（　　）

A. 第一个买来玩

B. 尽快买来玩

C. 找时间买来玩

6. 第 21 行“上回我丢了手机”的意思是：（　　）

A. 上车以后我丢了手机

B. 回家时我丢了手机

C. 上次我丢了手机

4 根据课文内容，为左边的词语选择合适的解释（在词语前填上序号）

	A. 家庭
□ 普及(第 1 行)	B. 最少
□ 族(第 2 行)	C. 虽然
□ 款(第 4 行)	D. 不关心，不热情
□ 尽管(第 9 行)	E. 天气非常冷
□ 至少(第 9 行)	F. 非常喜爱
□ 狂热(第 11 行)	G. 要是有一天
□ 冷漠(第 18 行)	H. 东西的样子
□ 一旦(第 19 行)	I. 每个地方、每个人都知道，都在用
	J. 有相同点的一群人

5 根据例句，用指定的词语或句式改写句子

1. 李小姐常常换手机，虽然手机的价钱并不便宜。（尽管……，但……还是……）

____

2. 这款手机很漂亮，其实用的时候不太方便。（看上去、用起来）

____

3. 现在的手机可以打电话、发短信，也能听音乐、拍照片，等等。

（不仅……而且还……）

____

6 用下列词语造句

普及：______________________________

腻：______________________________

相当于：______________________________

尽管：______________________________

狂热：______________________________

课前思考：你听说过“月光族”吗？它指一些什么样的人？

课文二 月光族

中国的“月光族”越来越多。“光”在汉语中的一个意思是“一点儿也不剩”，“月光族”就是指那些每月都把工资花光的年轻人。

李小姐在一家公司工作。月薪是4500元，除去每月的房租、生活费，再加上偶尔和朋友在酒吧喝两杯，工资几乎就没有了。和一般人相比，她的工资已经算多的了。即使这样，李小姐还是抱怨说：“每到月底，我就两手空空，等着下月的月薪。”

在公司当经理的王娜月收入6000多元，可她不仅月月光，而且还常常向别人借钱。她上个月10号才拿到的工资，到25号口袋里就只有1000多元了。月底的时候，王娜的口袋已经基本空了，可她又看上了一款笔记本电脑。虽然可以分期付款，可她连首付也拿不出来，于是她只好去找妈妈借。为了还每月的贷款，王娜的旅游计划已经泡汤了。

月光族是商家最喜欢的消费者，因为他们有强烈的消费欲望，会花钱；更重要的是他们有很强的赚钱能力，有钱可花。“富，富不过30天；穷，穷不了一个月”，说的就是月光族们的生活，追求时尚是月光族产生的直接原因。

对于月光族，专家们提出了这样的建

指 zhǐ refer to
月薪 yuèxīn monthly salary
除去 chúqù deduct, substract
房租 fángzū rent
生活费 shēnghuófèi living expenses
偶尔 ǒu'ěr occasionally
抱怨 bàoyuàn complain
笔记本电脑 bǐjìběn diànnǎo laptop
分期付款 fēnqī fù kuǎn payment by instalments
首付 shǒufù down payment
贷款 dài kuǎn loan
消费者 xiāofèizhě consumer
欲望 yùwàng desire

议，如强制储蓄，即每月做到把工资的一部分用来储蓄。虽然每月储蓄的数额不多，但从长远来算，就可以积累一笔不小的资金。专家们还建议月光族们要少用信用卡，年轻人往往一逛街便很难控制自己的消费欲望。因此在逛街前要先想好这次主要购买什么和大概的花费，不要盲目购物。

强制 qiángzhì force

长远 chángyuǎn long term

信用卡 xìnyòngkǎ credit card

盲目 mángmù blindly

1 根据课文内容判断对错（对的画“√”，错的画“×”）

(　　) 1. “月光族”是那些每个月把工资都花完的人。

(　　) 2. 李小姐的工资比一般人的低。

(　　) 3. 李小姐每个月的工资都用来付房租。

(　　) 4. 王娜的工资很高，很多朋友向她借钱。

(　　) 5. 王娜用自己下个月的工资买那款笔记本电脑。

(　　) 6. 商家们很喜欢月光族。

(　　) 7. 月光族们一般都喜欢追求时尚。

2 根据课文内容选词填空

分期付款　笔记本电脑　信用卡　房租　贷款　经理

储蓄　妈妈　欲望　首付　酒吧　盲目　生活费

1. 李小姐每个月的花费主要用于______和______，还有有时和朋友去______玩儿的钱。

2. 王娜是一家公司的______，她也是个“月光族”。最近她想要通过______的方式买一台______，但是她连______的钱也没有，只好去借______的钱。

3. 对于“月光族”，专家们给出的建议是，每个月要强制自己______，另外，还要尽量少用______，买东西要有计划，购物的时候不要太______。

3 根据课文内容选择正确答案

1. 第 10 行“两手空空”的意思是：（　）
   A. 没有钱
   B. 手里没有东西
   C. 有空

2. 第 14 行“王娜的口袋已经基本空了”的意思是：（　　）
   A. 王娜的口袋里什么也没有了
   B. 王娜几乎没有钱了
   C. 王娜的口袋都没有了

3. 第 15 行“看上了一款笔记本电脑”的意思是：（　　）
   A. 买了一款笔记本电脑
   B. 找到了一款笔记本电脑
   C. 喜欢上了一款笔记本电脑

4. 第 16 行“连首付也拿不出来”的意思是：（　　）
   A. 连首付的钱也不要
   B. 连首付的钱也没有
   C. 不想拿出首付的钱来

5. 第 18 行“王娜的旅游计划已经泡汤了”这句话的意思是：她的旅游计划（　　）
   A. 已经准备好了
   B. 不能实现了
   C. 已经决定了

6. 第 29 行“年轻人往往一逛街便很难控制自己的消费欲望”这句话的意思是：年轻人逛街的时候（　　）
   A. 特别喜欢买很多东西
   B. 不知道买什么东西
   C. 不容易看到喜欢的东西

4 根据课文内容，为左边的词语找到合适的解释（在词语前填上序号）

	A. 从银行借钱
□ 指(第3行)	B. 到银行存钱
□ 月薪(第5行)	C. 买东西时第一次付的钱
□ 偶尔(第6行)	D. 常常
□ 首付(第16行)	E. 意思是
□ 贷款(第18行)	F. 买东西的人
□ 消费者(第19行)	G. 每个月挣的钱
□ 储蓄(第26行)	H. 没有目的地
□ 盲目(第32行)	I. 有时候
	J. 看不见地

5 词语扩展，猜猜下列词语的意思，你还知道什么词，请写下来

1. ~款：付款、贷款、存款

____

2. ~薪：月薪、年薪、高薪

____

3. ~费：生活费、学费、电费

____

6 用下列词语造句

偶尔：______________________________

抱怨：______________________________

贷款：______________________________

盲目：______________________________

课前思考：看下面的图片，说说这是一种什么人？

课文三 "负翁"

汉语中有个词叫"富翁"，是指很有钱的人。而在现在的中国还有一种人，叫"负翁"，虽然读音相同，但意思却完全不同。它是指那些"敢于花明天的钱"，贷款消费的人。这些敢于贷款消费的"负翁"们年龄一般在25岁到40岁之间，教育程度较高，通常住在中国的大中城市，特别是像北京、上海这样的大城市。这些"负翁"们负债消费主要用于住房贷款和汽车贷款。

据调查，在二三十岁的年轻人中，贷款买房的占到85%。而在这些人群中，有52%的人每月还给银行的钱要占到他们家庭月收入的20%~50%。还有8%的家庭，房贷月供占到总收入的70%以上。

由于房贷所占家庭收入比例过高，有27%的家庭开始减少日常生活支出；32%的人希望工作稳定，担心收入降低；5%的人为此减少社交活动；28%的人精神压力增大。

富翁 fùwēng rich man

消费 xiāofèi consume, spend

负债 fù zhài run into debt

比例 bǐlì proportion

日常生活 rìcháng shēnghuó everyday life, daily life

支出 zhīchū expense

刚刚大学毕业，参加工作不久的小刘就是一个典型的负翁。大学毕业以后小刘就在校外租了一套房子，小刘一个月收入两三千元，付掉一个月700元的房租和生活费，还可以买点自己喜欢的衣服首饰，剩下的钱便存起来，偶尔和朋友一起出去泡泡吧、喝点酒，生活得很舒服。

今年3月，在父母的劝说下，小刘选了一套90多平方米的房子，爸妈帮她支付了15万元的首付，然后自己每个月付1000多元的月供。"这便是我噩梦的开始。"小刘常常这样跟朋友开玩笑。"一下子就感觉到压力了，"小刘说，"你想想，房子明年才能住进去，现在我还是只有租房子住，每个月除去700的房租，1000元的贷款，哪里还剩得下来什么钱?"她现在觉得非常辛苦，按她原来的消费习惯，两三千的工资根本不够花，于是小刘又在外面做了个兼职工作，这样每个月可以多挣七八百元，这样才勉强可以应付。"我现在根本都不敢和朋友们出去玩了。"小刘无奈地说，以前朋友聚会她经常都会主动买单，大家都觉得小刘很大方，"现在我跟他们出去玩最后都只有等别人买单了，想起来就觉得惭愧，所以现在都不怎么出去玩了。本来想要辞职，现在也不敢了，要是一段时间找不到工作，月供可怎么办啊?"

社交 shèjiāo social intercourse, social contact

典型 diǎnxíng typical

噩梦 èmèng nightmare

压力 yālì pressure

兼职 jiānzhí part-time job

勉强 miǎnqiǎng barely

应付 yìngfù manage

大方 dàfang generous

惭愧 cánkuì ashamed

1 根据课文内容，把下面的数字填在表格中合适的位置上

5%　85%　32%　27%　8%　28%　52%

是否贷款买房	是		否	
			15%的人	
房贷月供占总收入的百分比	0%~20%	20%~50%	50%~70%	70%以上
	18%的人		22%的人	
对生活的影响	减少生活支出	减少社交活动	精神压力增大	希望工作稳定

2 根据课文内容选择正确答案

1. 下面哪些是“负翁”的特点：（　　　　　）
   A. 学历比较高
   B. 贷款消费
   C. 主要是中青年
   D. 很有钱
   E. 贷款主要用来买房和买车
   F. 生活在北京、上海
2. 为了还房贷，很多人的生活发生了哪些变化？（　　　　　）
   A. 保持工作稳定
   B. 减少体育活动
   C. 减少日常生活支出
   D. 做更多的工作
   E. 减少社交活动
   F. 害怕收入降低
3. 第 4 行“明天的钱”意思是：（　　）
   A. 常常用的钱　　B.每天的钱　　C.以后的钱
4. 第 15 行“房贷所占家庭收入比例过高”的意思是：（　　）
   A. 房屋贷款与家庭收入太高
   B. 房贷的比例和家庭收入的比例都很高
   C. 家庭收入大部分用来还房屋贷款

5. 第 17 行“5%的人为此减少社交活动”中“为此”的意思是：（　　）

A. 因为这个原因　　B. 为了这样做　　C. 从今以后

3 根据课文内容，为左边的词语找到合适的解释（在词语前填上序号）

	A. 因为
□ 消费(第 4 行)	B. 花钱买东西
□ 债(第 8 行)	C. 没有变化
□ 收入(第 12 行)	D. 于是，所以
□ 月供(第 13 行)	E. 比原来的少
□ 由于(第 15 行)	F. 每月还给银行的贷款
□ 支出(第 16 行)	G. 借别人的钱
□ 稳定(第 17 行)	H. 花出去的钱
□ 降低(第 17 行)	I. 安静，没有声音
	J. 得到的钱、工资等

4 根据例句，使用指定的词语或句式改写句子

1. 在……之间

这些敢于贷款消费的“负翁”们年龄一般在 25 岁到 40 岁之间。

我们班的学生，最小的 18 岁，最大的 40 岁。→

____

2. ……主要用于……

这些“负翁”们负债消费主要用于住房贷款和汽车贷款。

我每个月的钱大部分用来交房租和学费。→

____

3. ……占……

每月还给银行的钱要占到他们家庭收入的 20%~50%。

全校学生有一百人，其中男生 60 人，女生 40 人。→

____

4. ……为此……

5%的人为此减少社交活动。

为了自己开公司，他从银行贷了很多款。→

____

5. 虽然……一样，但……不同

虽然读音一样，但意思却完全不同。

他和哥哥长得很像，但性格完全不一样。→

____

5 用下列词语造句

消费：______________________________

降低：______________________________

支出：______________________________

稳定：______________________________

限时阅读 啃老族

字数：497 阅读时间：6 分钟

中国有个传统观念是"养儿防老"，意思是自己年老以后可以依靠孩子生活，让孩子来照顾自己。但现在越来越多的家庭中却存在着"老养小"的现象，很多已成年的年轻人靠父母生活，被父母养着，他们生活的主要来源是向父母要的钱。这样的年轻人被称为"啃老族"。

"啃老族"的形成主要有两个方面的原因：一方面，很多年轻人大学毕业想找一份好工作，对薪水和工作环境要求很高，找不到让自己满意的工作就宁可待在家里，也不愿意去作一份自己不满意的工作。另一方面，很多父母特别疼爱孩子，不忍心让自己的孩子去承受竞争的压力，做辛苦的工作。

"啃老族"在别的国家也有，他们被称为"NEET"一族，是"Not in Education, Employment or Training"的缩写。指既没有在学校里上学，也没有去工作，也没有去接受职业技能培训，只能依靠家人生活的年轻人。

对于"啃老族"，有的学者提出了解决的办法。"政府可考虑开办社区学校，对'啃老族'进行培训，促使其就业。"某社会学专家说，年轻人脱离了学校教育系统，政府可通过开办社区学校，对"啃老族"进行

成年 chéngnián grown-up
来源 láiyuán source
啃 kěn gnaw, nibble
宁可 nìngkě (would) rather,
竞争 jìngzhēng competition
缩写 suōxiě abbreviation
技能 jìnéng technique
培训 péixùn training
就业 jiùyè get a job

培训，促进其就业观念和技能的转变，从而进行再就业。政府有责任创造更多的就业岗位，要引导企业多创造就业机会，同时改变年轻人的观念，以创业带动就业，来消灭“啃老族”。

创业　chuàngyè
run one's own business

1 根据课文内容连线

	A. 什么是“啃老族”
第一段的主要意思	B. “啃老族”的形成原因
第二段的主要意思	C. 父母不想让孩子作辛苦的工作
第三段的主要意思	D. “养儿防老”的传统观念
第四段的主要意思	E. 年轻人要求很高
	F. 解决“啃老族”的办法
	G. 别的国家也有“啃老族”

2 根据课文内容填空

压力　老养小　啃老族　NEET　社区学校　创业　培训　观念　养儿防老

______是中国的传统观念，但在越来越多的家庭出现了______的现象，那些生活靠父母的年轻人被称为______，在国外，这样的年轻人被称为______。对于这种社会现象，有的专家建议政府开办______，对他们进行______，改变他们的______，提高他们的工作______。

2 写作

请你写一篇小短文，简单介绍一下“啃老族”，并说说你对他们的看法

理解	不理解
• 啃老族有的是一时找不到合适的工作；有的是工作有了，但是收入很低；还有的是大学毕业后还想继续读书，等等。而 20 多岁的人又都面临着结婚这样的现实问题，单靠自己的一点儿收入根本不能解决问题，父母应该资助一些。 • 我觉得无所谓，主要看家里的条件，有条件的就花点父母的钱，没有必要把自己弄的那么辛苦，没有条件的就靠自己。	• 父母的钱也不是天上掉下来的，年轻人应该学会独立，不应该依靠父母。 • “啃老族”啃掉的是自己的生存能力。就业压力大，工作不理想，不能成为“啃老族”存在的理由。一个连自己都养活不了的人将来能干什么呢？ • 父母应该从小就培养孩子的独立能力，不要过于宠爱孩子才好！这样做是在害他们。

“啃老族”是指______

______

______

______

______

______

“啃老族”的形成主要有两个方面的原因：______

______

一是因为

二是因为

对于“啃老族”，我的看法是：

3 补充阅读

一、"卡奴"

一家贸易公司的陈小姐，月薪只有3500元，在白领一族中充其量也就是中等水平。但让记者惊叹的是，她的钱包里居然有招商、广发、浦发3家银行的4张信用卡，总信用额度达到了3万元！现在，像陈小姐这样的年轻有卡一族越来越多了。

人们青睐信用卡，不仅因为其在消费时比现金更加方便，更因为其带来了可以提前消费——透支这一最大诱惑。很多年轻人受不了这种诱惑，因为透支而成为了"卡奴"。

市民杨小姐发誓，至少在今年上半年之前不再为自己添置一针一线。原来去年春节前，杨小姐搬进了新房，为了布置新居，杨小姐花了四万多元购买家具、家电。"这大大超出了当初的预算，但当时就像刹车失灵的汽车一样，根本控制不住自己。"杨小姐说起来很后悔，"那时什么都想买好的，于是频繁刷卡，完全不考虑后果。现在想想，刷卡时很爽，但接下来还款就难了，在规定期限之前是没法全部还上的，我打算分期还款，先还最低额度。"

像杨小姐这样的情况在持卡人当中并不少见。据了解，目前在有卡一族中，有相当一部分人无法做到理性消费，购物付款时想的只是"先刷了再说"，无谓的消费增加了，有的更是完全不考虑自己的偿还能力，于是当初的冲动就造成了后来的还款困难，有人甚至真成了"负翁"。

根据课文内容判断对错（对的画"√"，错的画"×"）

（　　）1. 很多年轻人使用信用卡透支成了"卡奴"。

（　　）2. 人们喜欢信用卡主要是因为使用比现金方便。

（　　）3. 杨小姐去年刷卡买新房的家居家电。

（　　）4. 杨小姐去年买了一辆刹车失灵的汽车。

（　　）5. 杨小姐刚刚把透支的钱还上。

（　　）6. 很多年轻人不能做到理性消费。

二 中国年轻人享受“光棍节”

11月11日是中国的“光棍节”。因为这天有4个象征单身的“1”，没结婚的年轻人把这天当成自己的节日。

“光棍节”风俗始于上世纪90年代。随着时间的推移，庆祝活动越来越丰富，涉及的年龄层也在扩大。过节的年轻人在当天早晨吃4根油条和1个馒头，象征“11·11”。庆祝方式多种多样，有些人给单身朋友送玫瑰，有些人乘坐11路公交车。单身族们聚集在一起喝酒、唱歌，尽情排遣孤独，同时享受自由。婚介公司针对单身男女推出配对活动和结伴旅行等项目。11月11日火了后，其他有“1”的日子也受到欢迎。比如1月1日的“小光棍节”，1月11日和11月1日的“中光棍节”。

中国年轻人的单身观念也在发生变化。以前，人们为自己不会谈恋爱而害羞，但现在，都自豪地认为自己比别人享受着更自由的生活。中国的社会学家表示，年轻人有更大的自由选择自己喜欢的生活方式。

根据课文内容写出下列问题的答案

1. “光棍节”是什么时候？它是什么人的节日？

2. 在“光棍节”里，年轻人一般要怎么庆祝？

3. 中国年轻人的单身观念有了什么变化？

12 幸福婚姻

课文

课前思考：在你们国家，婚礼是怎样进行的？有什么特别的活动吗？

课文一 婚礼进行曲（一）

张先生和李小姐是中学同学，一起考入大学，又一起读了研究生。大学毕业后，同时留在北京。经过12年的漫长恋爱，他们今年准备结婚了。这时却遇到了他们怎么也想不到的麻烦事。

他俩把婚期定在了3月18日。听朋友说，举办婚宴的酒店一定要早点儿预订，于是今年2月，他俩刚把婚期定下以后就赶快去预订酒店。可没想到的是，所有的酒店在半年以前就都已经预订出去了，剩下的几个酒店不是价格太高就是条件太差。

研究生 yánjiūshēng postgraduate

漫长 màncháng very long

举办 jǔbàn hold

婚宴 hūnyàn wedding reception

剩下 shèngxià be left (over), remain

价格 jiàgé price

由于今年被老百姓认为是结婚的吉祥年，全国许多地方都出现了“结婚热”的现象。他们打算将婚宴的价格定在每桌900元左右，这在北京也不算低，可李小姐打了100多个电话，联系了70多家酒店，还是没有找着合适的。如果在2月中旬预订不上酒店，3月18日也就结不了婚，这让他俩非常着急。2月18日，离婚礼还有一个月的时候，由于有人取消了预订，李小姐的婚宴终于有了希望。酒店的问题是解决了，但每桌1580元的价格，却让李小姐感到十分为难。最后，李小姐订了10桌。

吉祥　jíxiáng　lucky, auspicious

中旬　zhōngxún　the middle ten days of a month

婚礼　hūnlǐ　wedding ceremony

解决　jiějué　settle, solve

1 根据课文内容判断对错（对的画“√”，错的画“×”）

（　　）1. 结婚一年以前，张先生和李小姐就订好了婚宴。

（　　）2. 婚宴的价格比他们打算的价格高出不少。

（　　）3. 今年结婚的人特别多。

（　　）4. 有人取消了婚宴，他们才找到了一个可以举办婚礼的酒店。

2 根据课文内容选词填空

恋爱　取消　价格　吉祥年　漫长　婚期　酒店　着急　结婚热　解决　婚宴

1. 张先生和李小姐____________了12年了，他们准备今年结婚。
2. 在定下了____________以后，他们就去____________预订____________。
3. 由于今年是结婚的____________，结婚的人很多，很多地方出现了____________的现象。
4. 他们开始没有预定上酒店，这让他们很____________。
5. 最后终于有人____________了预订，他们才找到了酒店。

3 根据课文内容选择正确答案

1. 下面关于张先生和李小姐的情况，哪些是正确的？（　　　　　　）
   A. 他们是在大学认识的
   B. 他们谈了 12 年恋爱
   C. 他们俩都是北京人
   D. 今年 2 月，他们定下了结婚的日子
   E. 他们决定 3 月 18 号结婚
   F. 按照计划，他们预订了 10 桌婚宴

2. 第 10 行“剩下的几个酒店不是价格太高就是条件太差”的意思是：剩下的几个酒店（　）
   A. 价格不高，但是条件很差
   B. 有的价格太高，有的条件很差
   C. 价格也不高，条件也不差

3. 第 13 行“结婚热”的意思是：（　　）
   A. 结婚很热闹
   B. 结婚的时候很热
   C. 结婚的人非常多

4. 第 20 行“李小姐的婚宴终于有了希望。”这句话的意思是：（　）
   A. 李小姐终于可以订上婚宴了
   B. 李小姐不希望在那个酒店订婚宴了
   C. 李小姐希望有自己的婚宴

4 根据课文内容，为左边的词语找到合适的解释（在词语前填上序号）

	A. 觉得不好办，不容易决定
□ 漫长（第3行）	B. 结婚时穿的衣服
□ 婚期（第6行）	C. 结婚的日子
□ 婚宴（第7行）	D. 不要了
□ 中旬（第17行）	E. 得到
□ 取消（第20行）	F. 每月11号到20号的十天
□ 为难（第22行）	G. 结婚时吃的饭
	H.（时间、路）很长

5 根据例句，使用指定的词语或句式改写句子

1. 不是……就是……

   剩下的几个酒店不是价格太高就是条件太差。

   我看过的那几个房子，有的环境很差，有的交通不方便。→

   ____

2. 刚……就……

   他俩刚把结婚的日子定下以后就赶快去预订酒店。

   他们大学毕了业，然后很快结婚了。→

   ____

6 用下列词语造句

剩下：______________________________

举办：______________________________

取消：______________________________

为难：______________________________

课前思考：看下面的图片，图片一是什么车？是用来做什么的？

图片一

图片二

课文二 婚礼进行曲（二）

2月19日，刚刚安排完婚宴的事，张先生和李小姐就来到婚庆公司预订婚车。他们想在结婚那天有一辆体面的头车把新人从家里接到酒店，可是这次还是没能成功。婚庆公司告诉他们，由于他们来的时间太晚了，所以他们想要的豪华车订不上了。3月18日这一天光这个公司就有18个婚礼需要用车。没有办法，张先生和李小姐只好到处找人，预订了一辆档次低一些的车。

3月10日，从婚纱影楼走出来，李小姐取回了他俩刚刚拍摄的两本婚纱照，这又花了他们7000多元。这样，他们的结婚费用也一涨再涨，已经由原来预计的5万元一下子涨到了7万多元，这让刚刚毕业的张先生和李小姐感到难以承受。

张先生和李小姐发现，结婚这件事并不像他们想象的那样浪漫。他们本来以为，准备的过程会是一首优美的婚礼进行曲，可是现在看来，却更像一首忙乱的摇滚乐，与他

体面 tǐmiàn dignity

豪华 háohuá luxurious

档次 dàngcì grading, class

拍摄 pāishè shoot (a photograph)

涨 zhǎng go up, rise

承受 chéngshòu bear, endure

浪漫 làngmàn romantic

过程 guòchéng process

进行曲 jìnxíngqǔ march

摇滚乐 yáogǔnyuè rock-and-roll

们的想象差了十万八千里。

3月18日，张先生和李小姐大喜的日子终于来到了。这一天在北京，像他们俩一样结婚的还有许多对新人。

1 根据课文内容选词填空

档次 浪漫 婚纱照 新人 影楼 涨 婚庆公司
费用 酒店 摇滚乐 体面 家里 忙乱 婚礼进行曲

1. 张先生和李小姐从__________预订了婚车，婚车是用来把__________从__________接到__________。
2. 由于豪华车没有订上，他们只好订了一辆__________低一些的车。
3. 张先生和李小姐还在__________里拍摄了两本__________，他们的结婚__________比原来预计的多了不少。
4. 最后，他们发现，结婚并不像他们想象得那样__________，实际上非常__________，有点儿像__________，而不是一首好听的__________。

2 根据课文内容选择正确答案

1. 第7行“这一天光这个公司就有18个婚礼需要用车”的“光”意思是：（ ）
   A. 有 B. 完 C. 仅

2. 第13行“费用也一涨再涨”的意思是：（ ）
   A. 费用不停地涨
   B. 费用又涨了一次
   C. 费用再涨了一次

3. 第15行“难以承受”中“难以”的意思是：（ ）
   A. 很难 B. 难题 C. 困难

4. 第 19 行“(结婚准备的过程)与他们的想象差了十万八千里”这句话的意思是：结婚准备的过程（　　）

A. 和他们的想象有十万八千里远

B. 和他们的想象很不一样

C. 非常麻烦

5. 第 21 行“大喜的日子”是指：（　　）

A. 高兴的生活

B. 结婚的日子

C. 喜欢的日子

3 根据课文内容，为左边的词语找到合适的解释（在词语前填上序号）

	A. 照相、录像
□ 婚庆公司(第 2 行)	B. 刚出生的人
□ 拍摄(第 11 行)	C. 节奏很快的音乐
□ 涨(第 13 行)	D. 刚刚结婚的人
□ 摇滚乐(第 19 行)	E. 很安静的音乐
□ 新人(第 23 行)	F. (价格)变高
	G. 帮助办理婚礼的公司

4 根据例句，使用指定的词语或句式改写句子

1. 由于……，所以……

由于他们来的时间太晚了，所以他们想要的豪华车订不上了。

今年要结婚的人太多了，所有的婚车都已经被订出去了。→

____

2. ……是……，但……

酒店的问题是解决了，但每桌 1580 元的价格，却让李小姐感到十分为难。

婚车订上了，可是不是张先生想要的豪华车。→

____

3. 光……就……

这一天光这个公司就有18个婚礼需要用车。

这次婚礼花了很多钱，订婚宴花了差不多两万元。→

____

4. 由……涨到……

他们的结婚费用已经由原来预计的5万元一下子涨到了7万多元。

原来一桌婚宴只需要900元，现在需要1580元。→

____

5. 本来以为……，可是现在看来，……

他们本来以为，准备的过程会是一首优美的婚礼进行曲，可是现在看来，却更像一首忙乱的摇滚乐，与他们的想象差了十万八千里。

他们原来觉得准备婚礼是一件很轻松的事情，现在才发现，准备婚礼是一件非常麻烦的事情。→

____

5 词语扩展

课文一和课文二中有很多“婚~”的词语，把它们找出来。除了这些词语，你还知道哪些，请写下来。

婚~：婚礼、______________________________

6 用下列词语造句

体面：______________________________

档次：______________________________

涨：______________________________

承受：______________________________

浪漫：______________________________

课前思考：看下面的图片，你觉得公园里的人们在做什么？

课文三　父母相亲会

每到周六，人民公园就有一个“相亲会”，从上午8点一直到傍晚6点公园关门。来相亲的并不是二三十岁的青年男女，而是他们的父母。

3000多对老年夫妇，每对儿手里都拿着一个报纸大小的牌子，上面不仅有儿女的彩色照片，还写着年龄、身高、学历以及一百多字的个人介绍。他们在为自己的儿女寻找另一半。

为什么父母要来为儿女征婚呢？一是因为儿女工作太忙或者认识的人不多而耽误了自己的终身大事；二是因为儿女自己不愿意或不好意思来参加这样的活动。

一位王大爷说，他和老伴儿是借口“出门逛逛”，瞒着女儿来的。女儿都已经29岁了，还没有男朋友。女人只要过了30岁，就没有多少选择的机会了，都是人家挑你。一想到这些，他们就愁得睡不着觉。北京这

相亲　xiāng qīn　to have a traditional blind date

夫妇　fūfù　husband and wife

学历　xuélì　record of formal schooling

征婚　zhēng hūn　marriage seeking

耽误　dānwu　delay

老伴儿　lǎobànr　(of an old couple) husband or wife

借口　jièkǒu　excuse

瞒　mán　hide the truth from

挑　tiāo　choose

愁　chóu　worry

么大的地方，怎么还能找不到对象？他怎么也想不明白。今年3月，他看到报纸上说公园里有相亲会，老两口就把几个公园都跑了一遍，记了十几个小伙子的联系电话。

其实最好的方法就是让孩子们自己去认识、交往。王大爷说：“女儿生活倒是挺丰富，每天都和朋友吃饭、打球，可常常交往的就是那几个我们认识的女孩子，都是大龄未婚，整天想穿就穿，想玩儿就玩儿，谁也不着急结婚。女儿总说缘分没到，慢慢儿来。她下了班就只和女孩子在一起，哪里来的缘分？我一想起来就发愁。人总得有个伴儿，我们也不能陪她、照顾她一辈子。她要是早解决了终身大事，生了孩子，我们也就放心了。可没想到女儿结婚这么困难。”

除了北京，很多大城市也都举办了父母替子女相亲这样的活动，非常热闹。

对象　duìxiàng　date, girlfriend or boyfriend

交往　jiāowǎng　associate

缘分　yuánfèn　predestined affinity

一辈子　yíbèizi　all one's life

1 根据课文内容判断对错（对的画“√”，错的画“×”）

(　　) 1. 参加“相亲会”的都是没结婚的青年男女。

(　　) 2. 王大爷骗女儿说是出去逛逛，其实，他是来公园给女儿找对象。

(　　) 3. 王大爷觉得给女儿介绍对象是让她早点儿结婚最好的办法。

(　　) 4. 常和王大爷的女儿在一起的那几个女孩都结婚了。

(　　) 5. 父母相亲会只在北京有。

2 根据课文内容选词填空

对象　夫妇　男朋友　学历　瞒着　老伴　选择　借口　缘分

王大爷的女儿29岁了还没有__________。王大爷觉得女人过了30岁，就没有很多__________的机会了，因此，他和__________都非常着急。但是，王大爷的女儿一点儿也不着急，觉得__________没到，要慢慢来。于是，在这个周末，老两口__________女儿去人民公园的相亲会，给女儿找合适的__________。

3 根据课文内容选择正确答案

1. 第 6 行“报纸大小的牌子”的意思是：（　　）

A. 报纸做的牌子

B. 比报纸还大的牌子

C. 和报纸差不多大的牌子

2. 第 9 行“另一半”的意思是：（　　）

A. 另一个人

B. 对象

C. 朋友

3. 第 12 行“终身大事”是指：（　　）

A. 身体健康

B. 结婚

C. 工作

4. 第 16 行“女人只要过了 30 岁，就没有多少选择的机会了”。这句话的意思是：女人过了 30 岁（　　）

A. 就没有选择的机会了

B. 就没有人选择她们了

C. 就只有很少的选择机会了

5. 第 26 行“大龄未婚”的意思是：（　　）

A. 年龄很大，没有结婚

B. 年龄很大，不想结婚

C. 年龄很大，不着急结婚

6. 第 30 行“人总得有个伴儿”中“伴儿”的意思是：（　　）

A. 丈夫或妻子

B. 朋友

C. 父母

4 根据课文内容，为左边的词语找到合适的解释（在词语前填上序号）

	A. 不让别人知道
□ 夫妇(第5行)	B. 丈夫和妻子
□ 学历(第7行)	C. 错误
□ 耽误(第11行)	D. 因时间太长而让事情晚了
□ 老伴儿(第14行)	E. 担心，着急，不知道怎么办
□ 借口(第14行)	F. 原因，一般不是真的
□ 瞒(第15行)	G. 学习的经历，从哪些学校毕业
□ 愁(第18行)	H. 互相来往
□ 交往(第24行)	I. 满意
	J. 老年的丈夫或妻子

5 根据例句，用指定的词语或句式完成句子

1. 每……就……

   每到周六，人民公园就有一个“相亲会”。

   王大爷的女儿生活很丰富，______________________________。

2. 并不是……，而是……

   来相亲的并不是二三十岁的青年男女，而是他们的父母。

   王大爷的女儿并不是不想结婚，而是______________________________。

3. V_1了……就V_2

   她下了班就回家，哪里来的缘分？

   听说公园里有个相亲会，老两口______________________________。

4. 一是因为……，二是因为……

   父母替子女相亲，一是因为儿女工作太忙或者认识的人不多而耽误了自己的终身大事；二是因为儿女自己不愿意或不好意思来参加这样的活动。

   老两口这么着急给女儿找对象，______________________________。

6 用下列词语造句

缘分：______________________________

借口：______________________________

瞒：______________________________

一辈子：______________________________

限时阅读　一降一升

字数：492　　阅读时间：6 分钟

据调查，全国结婚数量逐年下降，而同时，离婚数上升。2000 年，全国有 848 万多对新人结婚，121 万多对夫妻分手。

从 20 世纪 90 年代以来，全国婚姻登记结婚的人数逐年下降。1990 年，全国有 951 万对登记结婚；1995 年为 934 万对；1999 年，结婚数已降到 885 万对。与此同时，由于社会的发展和人们婚姻观念的变化，离婚人数则逐年上升。1990 年全国离婚数为 80 万对，1995 年是 105 万对，1999 年达到 120 万对。

全国结婚、离婚数量的“一降一升”反映出近年来中国人婚姻家庭观念正从传统走向现代。随着社会和经济的发展，人们改变了把“传宗接代”“一起过日子”作为婚姻的主要目的的观念，婚姻质量越来越受到重视。夫妻双方更强调感情的融洽、生活的幸福，更讲求家庭人际关系的平等。一旦婚后的现实与婚前的期望产生矛盾且不可调和的时候，他们多数选择离婚而不愿意继续凑合下去。

多年从事婚姻管理工作的婚姻登记处徐女士，从实际接触的大量事例中也感受到了这一点。她介绍说，近年来到登记处办理离婚手续的人，提出分手的理由多是性格或感

逐年　zhúnián　year by year
下降　xiàjiàng　descend
上升　shàngshēng　ascend
婚姻　hūnyīn　marriage
登记　dēngjì　register
观念　guānniàn　notion, thought
传宗接代　chuán zōng jiē dài　have a child to carry on the ancestral line
矛盾　máodùn　contradiction
调和　tiáohé　reconcile

情不合，也有家庭暴力以及家庭经济问题，“第三者”等原因。现在，人们离婚虽然要受社会道德的约束，但感情在婚姻中的地位明显上升了，社会对离婚者的宽容度越来越高。

家庭暴力 jiātíng bàolì domestic violence

第三者 dìsānzhě another person who comes between a couple

道德 dàodé morality

约束 yuēshù restrain

宽容度 kuānróngdù tolerance

根据课文内容画出结婚、离婚曲线变化图

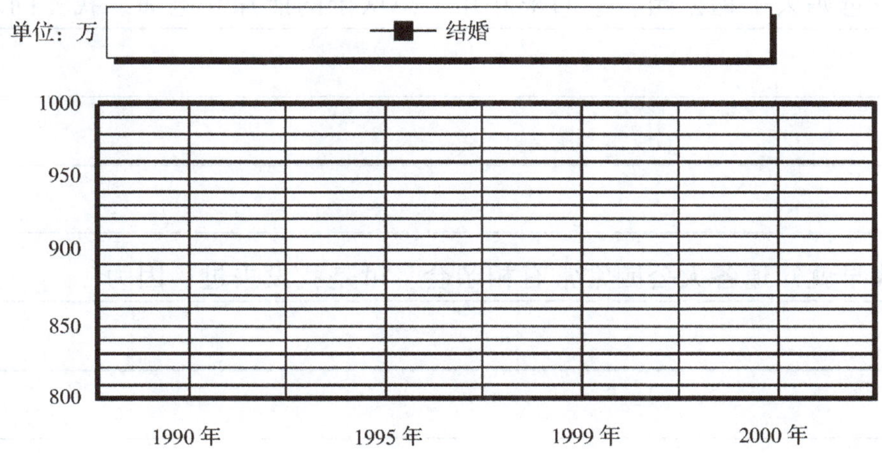

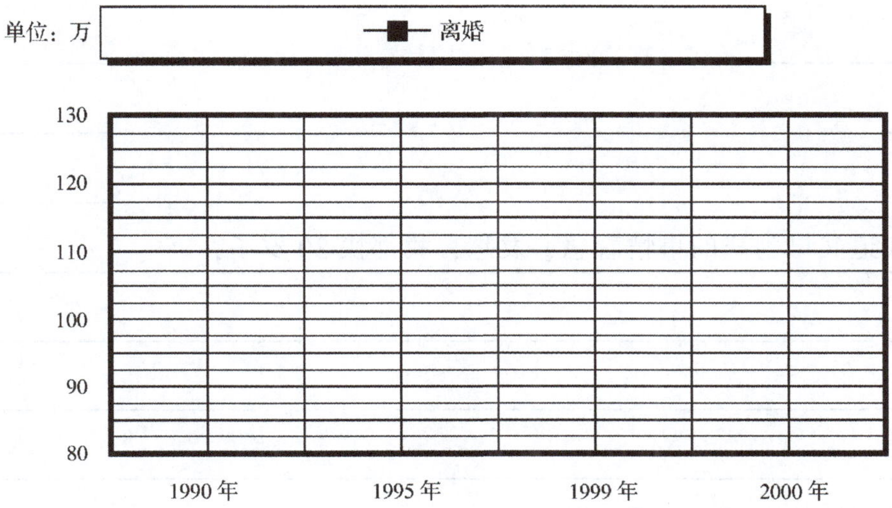

2 写作

根据课文三，如果你是王大爷的女儿，说说你对结婚的想法

我叫王芳，今年29岁，还没有男朋友。每天下班以后，

昨天我爸妈去了趟公园，拿回来好几个小伙子的照片和电话。我一问才知道

其实我早就知道各大公园常常有相亲会，可是我没去过，因为

朋友、同事也常常给我介绍对象，让我去见见。可是我不喜欢相亲，我觉得

我也知道父母为我的事情着急、发愁，我都快30岁了，

哎，可是缘分没到，慢慢来吧。

3 补充阅读

一 未来的婚姻发展

一、结婚年龄普遍推迟，“不婚族”人数增多

如果我们30岁还不结婚，包括父母在内没有人会觉得我们已经“太老”；如果我们一生都不结婚，也没有人会对我们说三道四。21世纪，婚姻真正成为一种生活方式的选择。“晚婚”的概念已经不复存在，30岁之后走入婚姻变得十分常见，30岁之前结婚反会被认为“太早”。

二、婚姻中双方的关系更为平等

“男主外、女主内”的婚姻模式受到颠覆，双方被要求平等地分担家务，也平等地承担经济责任。女人与男人在婚姻中的关系正走向真正的平等。

婚姻中经济关系的AA制，成为都市职业女性的自主选择。仍然会有丈夫收入远高于妻子，但这并不影响职业女性的平等意识。

三、离婚率急剧增高，良性离婚、协议离婚成为主流

离婚将更为常见。但是，那种打打闹闹的离婚案已大为减少。离异双方将尽可能地选择私下协商，即使无法达成共识，也争取在第一次开庭时妥协。

孩子已经不再成为离婚的障碍，“良性离婚”使离婚家庭的孩子不受伤害成为可能。孩子面对的不是“单亲家庭”，他的父母只是不居住在一起，这绝不意味着他失去了其中任何一方。

女性在离婚关系中的自主性日渐提高，对离婚女性的歧视日益减少。经济的独立、精神的健全、社会的认同，使离婚后的女人较之上个世纪更易于开始自己的新生活。

根据课文内容写出下列问题的答案

1. “如果我们一生都不结婚，也没有人会对我们说三道四”的意思是什么？

2. 婚姻中夫妻两人的关系会有什么变化？

3. 什么是“良性离婚”？

4. 对于离婚的女性来说，有了什么新变化？

二 征婚广告

甲：

女，28 岁，未婚，1.68 米，本科，公司职员，月收入 4000~6000 元人民币，上海人。性格活泼、热情、开朗，喜欢与朋友一起聊天、逛街。一个人独处时喜欢做家务、看杂志和上网。喜欢运动。希望能有缘找到一位成熟稳重、有爱心、有幽默感的男士，共同创造属于我们的美好未来！

乙：

男，35 岁，未婚，身高 1.73 米，公司经理，真诚善良，有车、有房。觅 32 岁以下、身高 1.60 米左右、性格温柔贤惠、身材苗条、美丽大方的未婚女士为伴，教师、公务员优先。

根据课文内容完成下面的表格

	甲	乙
婚姻情况		
学　历		
工　作		
性　格		
爱　好		
对对方的要求		

致教师

亲爱的教师，您好！

欢迎您使用本教材，下面，我对本教材的内容和使用方式作一个简单的介绍。

《成功之路·进步篇——读和写》是作为初级汉语“读写课”的必修课教材。本书适合已初步掌握汉语基本语法结构、词汇量在800左右、具备基本汉语交际能力的外国留学生及其他同等程度的学习者使用。

本书的特色

本书具有以下明显的特色：

◆ 读和写的紧密结合。在现有的教学体系中，读和写往往是被分别设置成阅读课和写作课。但大量第二语言学习的研究表明，阅读和书写的结合更利于学习者的习得，学习者通过阅读认识一定的词汇、句式和了解一定的知识内容，产生出强烈的表达欲望，在此基础上，使用刚刚学到的词汇和句式对个人观点进行表达，这样读和写这两个过程就自然地结合在一起，同时，相关内容的写作也加深了学习者对于语料的理解和文中词汇、句式的应用。而且，从教学实践中我们发现，单纯的阅读课和写作课，往往因为内容和形式单一，课堂缺乏节奏感，气氛过于沉闷，而读和写的结合，使得课堂节奏生动、有变化。

◆ 科学化的难度控制，使得课文内容难度适合初级外国留学生的汉语水平。对于选来的语料，我们先使用教材编写软件将语料分词，并分析其生词量，从中选出生词量不大的语料，对其中乙级以上的生词和难句进行替换和改写，基本将语料的生词量控制在10%以内。

◆ 内容紧密贴合外国留学生的兴趣。本书的语料选择均考虑到外国留学生的兴趣点，选择他们关注的话题，并通过教学实验，根据学生的反映，不断增删语料，精选出学生乐于阅读的语料。

◆ 生词重现率较高。大量研究表明，生词的重现率越高，越利于学习者掌握生词。本书每课中的几篇课文都是围绕同一主题，争取从多侧面表现该主题，如“独生子女”一课中的课文分别为：“421家庭”“独生父母”“独生子女夫妻去谁家过年”“独生子女的孤独寂寞”，这些课文从多个角度全面地反映了中国独生子女的现实状况，既谈到了独生子女的“小皇帝”地位，成长中的孤独寂寞等心理问题，也谈到了独生子女成人后面临的生儿育女、赡养老人等诸多难题。由于这些课文都是围绕“独生子女”这一主题，不仅能让学习者比较全面地了解中国独生子女的现状，而且生词重现率较高。

◆ 层次性。本书将全部24课划分为4个层次，每6课为一个层次。每个层次在内容总体安排、阅读写作要求及练习题难度上加以区别，由易到难，循序渐进。

◆ 图片与课前思考问题相结合的读前“预热”。在每篇文章前，都设置了与课文内容相关的图片和课前思考问题。

◆ 课堂教学量的合理控制。当前留学生课程教学基本上是50分钟一课时，编者在教材的编写过程中充分考虑到了教学内容与教学课时的适应，并通过教学实验进行文章长度和练习量上的调整，基本做到了每课的教学内容能够充分合理地完成。

课文内容

本书的语料主要可以分为两部分内容：

（一）反映当代中国的内容，如教育、工作、婚姻、家庭、休闲、网络、青年、老年等，这些内容从多个角度反映了当代中国社会的各个方面。

（二）反映中国特色的内容，如中国的节日、饮食、历史、传说、汉语、中国人的性格特点、中国人的情感等，这些内容表现了中国文化的特色。

课文内容的总体安排

全书分为上、下两册，共24课，这24课被分为4个层次，每6课为一个层次。

第1~6课为第一个层次，每课的内容安排为：（1）课文一；（2）课文二；（3）课文三；（4）阅读训练；（5）写作；（6）补充阅读。

第7~12课为第二个层次，每课的内容安排为：（1）课文一；（2）课文二；（3）课文三；（4）快速阅读；（5）写作；（6）补充阅读。与第一个层次的不同之处在于，第四部分“阅读训练”换为“快速阅读”，本层次阅读速度为80字/分钟。

第13~18课为第三个层次，每课的内容安排与第二个层次相同，但课文内容略微加长，练习难度也有所加大，另外，快速阅读的阅读速度要求加快，为100字/分钟。练习题除了概要性问题以外，增加了少量细节性问题。

第19~24课为第四个层次，每课的内容安排与第二、三个层次相同，但课文内容较前一层次加长，练习难度加大，另外，快速阅读的阅读速度要求加快，为120字/分钟。

每课的体例参看下表：

每课的体例					
课文一	课文二	课文三	快速阅读(阅读训练)	写作	补充阅读

课文的体例

每篇课文基本都由以下几部分组成：

（1）课前思考和图片。在教师的引导下，通过对相关问题和图片的简单讨论，使学生在阅读前大致了解所要阅读的内容，培养预测能力，提高阅读兴趣。

（2）课文正文。

（3）练习。每课课文后均相应设计了大量练习，基本的练习形式及其目的如下：

1. 根据课文内容判断对错——基本为概要性问题，检查学生对课文大意的理解。

2. 根据课文内容填空——基本为细节性问题，同时也是对整篇课文内容的简写，检查学生对于课文细节的理解，更重要的是提高学生对于全文的综合理解。

3. 根据课文内容选择正确答案——基本为难句、难词的深化理解。检查和提高学生对于书面语句式和词汇的理解和掌握。

4. 根据课文内容，为左边的词语找到合适的解释——左侧列出课文中的重点生词，以及学生能够通过上下文猜测出来的生词。右侧为这些生词浅显的汉语解释。要求学生为这些生词找到合适的汉语解释。此练习目的主要在于巩固学生对于这些词语的理解和记忆。

5. 根据课文内容回答问题——基本为综合语篇理解问题，训练学生对于语段、语篇的理解及综合表述能力。

6. 词语扩展——对课文中某些扩展性较强的词语进行总结性扩展，引导学生理解汉语基本语素的意义和扩展力，在此基础上，更有效地掌握词语，并提高其对新词语的猜测能力。

7. 根据例句，使用指定的句式或词语改写（完成）句子——例句为课文中部分含有书面语句式或虚词的语句。需要改写（完成）的句子基本都与课文内容相关，锻炼学生使用书面语句式和虚词写作的能力。

使用建议

总体教学安排

每四学时学完一课，一般为前两个学时学完课文一和课文二，后两个学时学完课文三和快速阅读（或阅读训练）以及写作。“补充阅读”中的课文不作为课堂教学内容，留作高水平学生课堂中的补充阅读或作为课外阅读留给学生课后完成。两册共有 24 课，可供一至两个学期使用。

教学环节安排和时间分配

第 1、2 课时

教学内容为课文一和课文二，分别完成这两篇课文，每篇课文教学安排基本如下：

• 读前“预热”。在阅读课文以前，通过对图片及课前思考的讨论，激发学生的阅读兴趣，同时也有利于学生更快更好地理解文章内容。此过程大约 5 分钟。

• 学生阅读及做练习。用 15~20 分钟时间让学生自己阅读，并完成课后第一题。

• 练习讲解。学生读完课文后，依次做课后题，教师根据学生的做题速度，依次讲解课后题。此过程25分钟左右。

第3、4课时

教学内容为课文三和快速阅读（或阅读训练）以及写作。

• 对课文三的处理，第3课时完成课文三，其教学安排与前两篇的课文安排一致。

• 对快速阅读（阅读训练）的处理。对于“快速阅读”，教师根据课文前标示的阅读时间要求学生快速阅读，并完成课后题。完成后，教师进行简单讲解。对于“阅读训练”，由学生自己阅读，然后教师进行适当讲解。此过程为15分钟左右。

• 对写作的处理。要求学生用30分钟左右完成写作，在写作的过程中，教师巡视为学生提供咨询帮助，并及时纠正学生的表达错误。在下课前的5分钟内，对学生写作中普遍性的表达错误和修正进行总结性讲解。

每课的教学安排和时间分配参考下表：

课时	教学内容	教学环节	教学时间
第1课时	课文一	读前“预热”	5分钟
		阅读及做练习	20分钟
		练习讲解	25分钟
第2课时	课文二	同上	同上
第3课时	课文三	同上	同上
第4课时	快速阅读（阅读训练）	阅读及做练习	10分钟
		练习讲解	5分钟
	写作	学生写作	30分钟
		教师总结	5分钟

最后，感谢您使用本教材，在使用本教材的过程中，如果您有什么意见和建议，恳请您告知，编者会尽可能作出适当的修改，使之不断完善，谢谢。

编者：王瑞烽

2008年8月